KB185036

손자병법

"NEMURENAKUNARUHODO OMOSHIROI ZUKAI SONSHI NO HEIHO"

by Susumu Shimazaki
Copyright © Susumu Shimazaki 2019

All rights reserved.
First published in Japan by NIHONBUNGEISHA Co., Ltd., Tokyo
This Korean edition is published by arrangement with NIHONBUNGEISHA Co., Ltd.,
Tokyo in care of Tuttle-Mori Agency, Inc., Tokyo, through, ERIC YANG AGENCY, Seoul.

이 책의 한국어판 저작권은 Eric Yang Agency를 통해
저작권자와 독점 계약한 ㈜알에이치코리아가 소유합니다.
저작권법에 의하여 한국 내에서 보호를 받는 저작물이므로 무단 전재 및 복제를 금합니다.

한 권으로 끝내는 인문 교양 시리즈 | 시마자키 스스무 지음 | 양지영 옮김

진중한 인간 관찰, 어리석은 경쟁의 회피를 이론화하다
일과 인생에서 반드시 이기는 법칙!

싸우지 않고 승리하는 지혜
손자병법

싸우지 않고 원하는 것을
손에 넣는 것이 최선의 승리다

RHK
알에이치코리아

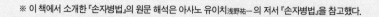
※ 이 책에서 소개한 『손자병법』의 원문 해석은 아사노 유이치浅野祐一의 저서 『손자병법』을 참고했다.

손자의 병법을 엮은 『손자병법』은 약 2,500년 전에 편찬된 병법서인데도, 현대를 살아가는 사람들에게 여전히 읽히고 있다. 그 이유는 전쟁에 국한되지 않고 다양한 상황에 응용할 수 있기 때문이다.

병법이나 군사론, 군인의 삶을 다루는 책에는 프로이센의 군사 전문가 카를 폰 클라우제비츠의 저서 『전쟁론』을 시작으로 일본의 『무사도』, 18세기 중엽 유학자 야마가 소코오에 의해 정립된 야마가 유파의 병법(병학) 등이 있다. 『전쟁론』은 『손자병법』을 모방하고 있지만 냉철한 인상이 강하고, 『무사도』는 지나치게 미학적인 측면에 치우치는 경향이 크며, 야마가 유파는 개인 수양의 중요성을 너무 강조하는 등 만국 공통으로 어느 시대에나 통용되기는 어려운 면이 있다.

5

반면 『손자병법』은 피비린내 나는 전쟁만이 아닌 온갖 마찰과 다툼, 경쟁 등에도 응용할 수 있는 내용으로 시공간을 초월한 성격을 지닌다.

가까운 예를 들어보겠다. 입시 경쟁이나 직장에서 출세 경쟁, 스포츠 경기, 자연재해의 극복 등 현대인들은 수많은 승패를 피할 수 없다. 곤란을 극복하기 위해서는 신에게만 의존할 수도 없다. 동료들의 도움도 필요하고 정의를 관철하려는 굳은 결의도 필요하다. 또한 늘 향상심을 지니고, 자칫 태만해지지 않도록 마음가짐을 다지는 자세는 물론이다. 그밖에도 필요한 것이 많다.

자신에게 부족한 부분이 무엇인지를 알기 위해서는 『손자병법』만큼 적합한 책이 없다. 이 책을 읽으면 자신에게 부족한 부분이 명확해질 뿐 아니라, 구체적인 지침도 만날 수 있다. '진중한 인간 관찰', '어리석은 경쟁의 회피', '현명하게 극복하기'라는 가르침은 현대 사회를 살아가는 우리에게도 중요한 실마리를 준다.

그냥 막연하게 흐르는 대로 살아가는 건 시간을 낭비하는 일이다. 사람의 일생은 너무나 짧다. 이 짧은 인생을 충실하게 채우기 위해서는 목표를 정하고 그 목표를 향해 매진할 필요가 있다. 목표를 찾지 못한 사람은 목표를 욕망으로 교체해도 된다. 쉽게 닿을 수 없는 곳의 목표, 노력과 깊은 고민 없이는 채우기 불가능한 욕망을 추구해야 한다. 그 방법은 『손자병법』을 숙독하면 저절로 알게 될 것이다.

6

이 책을 처음부터 순서대로 읽을 필요는 없다. 어떤 페이지를 읽든 상관없다. 손자라는 인물과 『손자병법』의 성립, 시대 배경을 알고 싶은 독자는 각 장 끝부분에 실은 칼럼부터 읽어도 된다. 어디부터 읽기 시작하든 도움이 되는 책이니 자신 있게 추천한다.

시마자키 스스무

2장

리더의 마음가짐

3장

통찰력을 키우는 방법

4장

최전선에서 시행하는 전략

5장

필승의 계책을 택한다

부록

병법에 관한 7개 병서

1장

신중에 신중을 거듭하라

이해득실의
양면을 고려하라

어떤 일이든 양면성이 있음을 잊어서는 안 된다

雜於利而務可信也
잡 어 리 이 무 가 신 야
제8 구변편

해석

이익에는 반드시 손해도 따르기 마련임을 알면 그 일은 성공한다.

모든 일에는 예외 없이 이익과 손해가 있다. 이익만 생각하면 반드시 큰 실패가 따르고, 반대로 손해만 신경 쓰면 아무 진척이 없다. 하지만 지혜로운 사람은 늘 이익과 손해 양면을 고려해서 행동하기 때문에 큰 곤란에 직면하지 않고 계획대로 진행할 수 있다.

| 과신은 신중함을 잃게 한다

전략가는 이익과 손해 양면을 능숙하게 이용한다. 한 나라의 제후가 자국에 불리한 사업에 착수하려고 할 때라고 가정해 보자. 전

1
4

손자병법

략가는 어떻게 대처해야 할까? 그 사업으로 생길 손해를 이리저리 따져서 재고를 거듭하여 제후가 사업 계획을 철회할 때까지 몰아가야 한다.

그 반대의 경우도 마찬가지다. 제후가 이득을 얻을 만한 거래를 하려고 할 때는 어떨까? 그럴 때는 거래 상대인 타국의 자존심을 건드리면서 거래가 불러올 이익만 강조하고 손해에는 신경 쓰지 못하도록 만들어야 한다. 양면성의 한쪽만 강조하여 타국을 교묘하게 조종하는 것이다. 그러한 전술에 뛰어난 사람이야말로 전략가로 불릴 만하다.

대부분의 사람은 교양과 경험이 축적된다 해도 거기에 비례해서 사고가 깊어지지 않는다. 오히려 과신에 빠지는 사람이 많아서 빈틈이 생기고 만다. 따라서 진정으로 견식이 있는 사람은 상대가 듣기 좋은 말을 늘어놓을 때는 경계심을 강화해서 술책에 빠지지 않도록 조심한다.

● 이익과 손해의 양면을 고려하면서 지혜롭게 행동한다

상대의 말에 놀아나지 않고 신중하게 생각할 수 있다

적을 관찰하라

상대보다 한 수 위인지 아닌지는 관찰력이 말해준다

必謹察之
필 근 찰 지
제9 행군편

해석

반드시 신중하게 적의 동태를 관찰하라.

손자는 전쟁에 이기기 위해서는 적을 신중하게 관찰하는 것이 중요한데 그때 주의할 점에 대해 다음과 같이 말했다.

| 잘 보고 있으면 많은 정보를 얻을 수 있다

적군이 지팡이를 지탱해서 겨우 서 있다면 굶주린 상황이라는 증거다. 식수를 담당하는 병사가 물을 뜨기도 전에 자신의 목부터 축인다면 모든 군인이 목이 말라 괴롭다는 증거다. 주둔지에 새가 많이 머물러 있다면 이미 적군이 진영을 버리고 떠났다는 증거다.

깃발이 심하게 움직인다면 적군의 대열이 혼란하다는 증거다. 공세하기 좋은 기회인데 실행하지 않는다면 적군의 심신이 몹시 고단하다는 증거다. 한밤중에 서로 주고받는 목소리가 들린다면 겁을 먹어서 자기편의 소재를 파악한다는 증거다. 운송용 말과 소를 죽이고 그 고기를 먹는다면 궁지에 몰려 살기 위해 필사적이라는 증거다. 무조건적인 포상을 베푼다면 사기 저하로 상황이 힘들다는 증거다. 병사에게 무차별적으로 벌을 준다면 병사가 명령에 복종하지 않게 되었다는 증거다.

이처럼 밤낮을 가리지 않고 적을 관찰하면 언제 공격하기 좋을지, 어디에 집중적으로 공격할지가 명확하게 보여서 아군의 손실을 최소한으로 하면서 확실한 승리를 얻을 수 있다. 다소 시간이 걸리더라도 전쟁이 승리로 끝나면 더할 나위 없다.

이렇게 철저히 사람을 관찰하는 신중함은 전쟁에서만이 아닌 현대 사회의 다양한 상황에서 배워둘 자세다.

● 승리를 위해서는 뛰어난 관찰력이 필수

균형 체크

서포트하는 선수를 관찰할 때

- 초조해하지 않는지?
- 지나친 공격이나 방어를 하지 않는지?

상대 선수를 관찰할 때

- 얼마나 지쳤는지?
- 전의가 떨어지지 않았는지?

약점 간파

세컨드

관찰하면 어떻게 싸울지가 보인다

1장 | 신중에 신중을 거듭하라

적을 알라

준비 없이 무작정 승부에 뛰어든다는 생각은 매우 위험하다

知彼知己 百戰百勝
지 피 지 기 백 전 백 승
제3 모공편

해석

상대의 실정과 자신의 실정을 파악하면 백 번 싸워도 위험에 빠질 일이 없다.

전쟁에서는 다섯 가지 요점을 기억해두면 승리를 예측할 수 있다. 첫 번째는 싸울 때와 그렇지 않을 때를 구분하는 것, 두 번째는 큰 병력과 작은 병력 운용법에 정통하는 것, 세 번째는 목표를 하나로 통일하는 데 성공하는 것, 네 번째는 계략을 모른 채 접근하는 적을 기다리는 것, 다섯 번째는 유능한 장군이 이끄는 군대를 군주가 간섭하지 않는 것이다. 이러한 다섯 가지 요점을 기억해두면 싸우기 전에 이미 승패는 결정된 것이나 다름없다.

2
0

| 예측하기 전에 다시 알아두어야 할 점

그러나 그러기 위해서는 적군과 아군의 실정을 정확하게 파악해둘 필요가 있다. 희망적인 관측은 배제하고 객관적인 데이터를 수집해서 그 결과를 냉정하게 분석해야 한다.

따라서 군사를 운용할 때 적군도 아군도, 적국의 사정도 자국의 사정도, 전부 알고 있으면 백 번 싸워도 위험에 처할 일이 없다. 상대에 대해 파악하지 못한 채 아군의 사정만 알고 있으면 진다. 상대의 실정도 아군의 실정도 모르면 전쟁을 치를 때마다 위험한 상황에 처한다.

난세라면 적은 자신의 실정이 적에게 알려지지 않도록 최선을 다할 것이다. 그러한 허위에 속지 않는 것이 밀정의 의무고, 확실한 실력을 갖춘 밀정을 선발하는 일은 전략을 세우는 자의 중요한 역할이다.

● 적을 알기 위해서는 스파이 활동도 불사한다

절대 지면 안 되는 재판이 있다.
내부 정보를 가져와라

억측 · 희망적인 관측은 위험

번
쩍

변호사

객관적인 정보

냉정한 분석
& 적확한 판단

탐정

상대의 비밀을 간파해서 이길 수 있는 증거를 얻는다

적군의
틈새를 찾아라

상대의 작은 약점이 승리의 단서가 될 수 있다

作之而知動靜之理
작 지 이 지 동 정 지 리

제6 허실편

해석

적군을 미행해서 행동 원리를 조사한다.

병사 수가 거의 비슷하거나 적군 쪽이 많은 경우에는 적이 진영을 치기 전에 미리 공세를 취할 필요가 있다. 즉, 행군 도중에 적의 뒤를 미행해서 적군의 구성이나 행동 원리를 자세하게 조사한다. 구체적으로 다음 네 가지 포인트를 기억해야 한다.

| 상대의 약점을 간파하기 위한 네 가지 포인트

첫 번째는 악천후나 밤에도 행동하는지, 주축 부대가 움직이기 전에 반드시 선발대를 보내는지와 같은 규칙의 유무를 확인한다.

두 번째는 어디에 주둔하면 보급에 지장이 없는지, 적을 어디에 주둔하게 유도하면 보급을 끊을 수 있는지 승패의 분기점이 되는 곳을 알아낸다. 세 번째는 군량이 어느 정도 남아 있는지, 단기전과 지구전 중 어느 쪽이 유리한지 통찰한다. 이 네 가지 포인트는 작은 전투를 반복하면서 적의 수비가 견고한 부분과 약한 부분을 찾아내는 방법이다.

적도 이길 각오를 했기 때문에 태세를 갖추고 있을 것이다. 특별한 사정이 없다면 방심할 리 없지만 사람이 하는 일에는 완벽이란 있을 수 없다. 역전의 명장, 명참모도 아주 작은 실수를 하지 않는다는 보장이 없으니, 정찰을 통해 그러한 실수를 발견할지 못할지가 승패를 가르는 열쇠가 된다.

중요한 것은 적이 아무리 강해 보여도 포기하지 말고 승리를 믿는 마음이다. 잘 찾아보면 돌파구는 보이기 마련이다.

● 상대 팀의 구성과 행동 원리를 정찰한다

럭비 팀의
스카우팅 조직

쓰러뜨리고 싶은 상대 팀의 시합을
잘 관찰해서 약점을 찾는다!

체크 포인트

- 움직임의 규칙성
- 연계 플레이
- 스태미나
- 승패를 가르는 포지션
- 수비가 강한 곳과 약한 곳 등

아무리 강한 적도 반드시 약점은 있다!

정찰은 신중하게

작은 오류나 실수가 큰 악영향을 미친다

必謹覆索之 此伏姦之所處也

필 근 복 삭 지 차 복 간 지 소 처 야

제9 행군편

해석

반복해서 신중하게 조사하라. 그곳이 바로 복병이 잠복한 곳이다.

손자는 정찰의 중요성을 반복해서 강조했다. 그만큼 복병에 의한 공격이나 기습, 게릴라전 등이 빈번하게 일어났기 때문이다.

손자는 험한 장소나 웅덩이, 갈대밭, 작은 숲, 초목이 빽빽한 어두운 곳으로 접어들면 신중하게 정찰을 반복하라고 말했다. 단순히 정찰만 하지 말고, 사람을 교체하면서 정찰을 반복하라고 강조했다.

2
6

| 숨어 있는 작은 덫으로부터 자신을 지킨다

경계한다는 것은 적도 알고 있으니 쉽게 발견하지 못할 장소에 숨어 있을 테다. 또한 아군에 내통자가 있다면 적을 발견해도 보고할 리 만무하니 그러한 계략에 걸리지 않도록 사람을 교체하면서 반복해서 정찰해야 한다.

양쪽에 낭떠러지가 있거나 좁고 험한 길이 길게 이어지는 곳은 정찰을 몇 번이나 반복해야 한다. 그러한 진퇴양난의 지형에서는 겨우 한 명이나 두 명의 적군이 위에서 돌이나 거목을 떨어뜨리기만 해도 큰 손실이 난다.

일본에는 '천 길 방죽도 개미구멍 하나로 무너진다', '개미구멍 하나가 천하를 흔든다'와 같은 속담이 있다. 아주 작은 실수가 대국에 악영향을 미치는 예는 옛날이나 지금이나 다 열거할 수 없을 정도로 많다. 작은 실수가 패배나 실패로 이어질 가능성은 부정할 수 없다.

항상 손자가 말했던 신중한 정찰 활동을 게을리하면 안 된다.

● 안전을 위해 정찰을 반복한다

정찰 포인트

- 복수의 인원이 팀을 만들어 교대하면서 실수를 줄이기
- 밤의 번화가, 청소년 아지트와 같은 곳에 범죄 위험이 없는지 확인하기
- 쓰레기 버리는 곳, 어두운 곳, 빈집 등 위험 요소가 있는 장소에 각별히 주의하기

작은 위험도 놓치지 말고 안전한 환경을 만든다

2
8

지리 파악은
면밀하게

적진에서 낭패를 보고 싶지 않다면 신뢰할 수 있는 안내인을 둔다

不用鄕導者 不能得地利
부용향도자 부능득지리

제7 군쟁편

(해석)

현지 지형을 잘 아는 안내인을 활용하지 않으면 지리적인 이익을
얻을 수 없다.

적의 침공을 받는 경우가 아니면 전쟁에서는 대개 타국의 영토
로 진군한다. 그곳이 적국이건 제3국이건 지리 사정을 모를 수밖
에 없다. 전방에는 산과 숲, 험준한 요새도 있고 늪지대가 있을지도
모른다. 경솔하게 진군해서 진퇴양난의 상황에 처하면 모든 게 끝
이다. 자신을 사지로 빠뜨리는 어리석은 행동을 피하기 위해서도
지리 파악은 면밀하게 해야 한다.

| 길을 잃는 것은 생사가 걸린 중요한 일이다

사전에 정찰을 통해 지도를 작성하거나 현지에서 지도를 손에 넣는 방법도 있지만 평면도로 얻을 수 있는 정보에는 한계가 있다.

그래서 대군이 이동하기에 어느 길이 적합한지, 기습하기에 적합한 지름길이나 짐승들이 다니는 길은 없는지, 복병이 있을 만한 장소는 어딘지, 그러한 정보에 정통한 안내인을 고용해야 한다. 정찰을 보낼 때는 안내인과 아군의 척후병을 동행시키는 것이 좋다. 왜냐하면 안내인의 정보가 확실한지 아닌지, 안내인이 적의 첩자인지 아닌지를 확인할 수 있기 때문이다.

이러한 사전 준비 없이 무조건 진군을 개시하면 복병에 당하기 마련이고, 보급로가 끊기면 물과 식량 확보도 어려워져서 본격적인 전투를 시작하기도 전에 패배를 당하는 것이 불가피하다. 그러한 최악의 상태를 피하기 위해서도 지리 파악은 신중하고 철저히 해야 한다.

● 신뢰할 만한 안내인의 정보가 계획을 세울 때 지침이 된다

지리나 교통을 충분히 파악해서 안전한 계획을 세운다

1장 | 신중에 신중을 거듭하라

불패의 태세를
구축하라

수비 태세 속에서 승리의 실마리가 보인다

能爲不可勝 不能使敵必可勝
능 위 불 가 승 불 능 사 적 필 가 승

제4 군형편

해석

필승의 태세를 구축할 수 있어도 적군에게 필패의 태세를 갖추게
할 수 없다.

손자는 수비를 중요하게 생각했는데 그 실마리는 옛 전략가들
에게 얻었다. 그들은 항상 불패의 태세를 구축한 후 전쟁에 임했다.
적군이 흐트러질 때까지 공세에 나서지 말고 기다리다가 혼란스러
운 틈이 보이면 순식간에 공세로 전환한다. 그러한 태세니 '필승'은
당연하다. 불패의 태세는 스스로 구축 가능하지만 적군의 혼란은
뜻대로 되지 않으니 오직 기회가 오기만 기다릴 수밖에 없다. 그래
서 수비가 중요하다.

| 교착 상태야말로 전략가의 실력이 발휘될 때다

게다가 병사의 수가 거의 비슷할 경우, 수비에 전념하면 전력에 여유가 생기고 무작정 공세에 나서면 반드시 틈이 생긴다. 전력이 호각지세일 경우에 전쟁은 인내심 싸움으로, 먼저 인내심을 잃은 쪽이 진다는 이치가 당시 병법상에서는 상식이었다.

그러면 양쪽 다 움직이지 않아 교착 상태가 계속될 때는 어떻게 해야 할까? 그때가 바로 장군이나 참모 등 전략가의 지혜가 발휘되는 지점이다. 혼란이 생긴 것처럼 꾸며서 적군의 공세를 유도하는 계책이 상식적인 전략이었다. 수비를 철저히 하고, 적군에서 경거망동으로 행동하는 자가 나오면 바로 퇴로를 끊고 섬멸한다. 지원하러 오는 적군이 있으면 그들도 해치운다. 적군이 당황해서 수비 대형으로 돌아간다고 해도 전력의 균형이 무너진 후라서 반드시 틈이 생긴다. 그때를 놓치지 말고 바로 공격하는 것이 손자의 전략이다.

● 호각지세일 때는 인내심 싸움에서 이긴다!

경기

무턱대고 공격하지
않는다

상대의 틈을
찾는다

허세나 페이크를
사용해 본다

상대의 약점을
파고든다

오로지 상대의 혼란을 기다리는 것이 전략가다

미리 준비하면
걱정이 없다

상대의 기가 꺾일 정도로 만반의 수비 태세를 갖춘다

恃吾有以待也

시 오 유 이 대 야

제8 구변편

─────────────────────────────

(해석)

적이 언제 공격해도 대적할 수 있는 준비를 믿어라.

─────────────────────────────

수비 태세일 때도 그저 방어만 단단히 하면 끝나는 게 아니다. 적의 공격을 예상해서 언제 쳐들어와도 무난히 퇴격할 수 있도록 만전의 준비를 하라는 것이 손자의 가르침이다. 거기에 단지 퇴격만 시키는 것이 아닌 손실을 입혀서 도망치게 하면 더 좋다고 한다.

▎공격의 전제는 수비다

공격해온 적을 퇴격만 하면 된다는 소극적인 자세는 긴장을 늦추게 만든다. 적이 파상적인 공격을 해오면 점차 무기력감이 생기고, 누구 하나가 포기하면 여기저기서 그 뒤를 따르게 되면서 결국 전선의 수비가 단번에 붕괴된다.

손자도 그 위험을 통찰해서 수비 태세를 갖췄다. 적이 공격을 주저하는 진형 또는 적의 파상 공격에 버틸 수 있는 진형, 제1선이 무너져도 제2선이 바로 보강할 수 있는 태세를 갖추게 했다. 어떤 상황의 변화에서도 버틸 수 있는 수비 태세, 손자가 생각하는 승리의 중요한 요소인 수비가 바로 그러한 것이었다.

모든 것을 운에 걸고 전쟁에 임하는 자세는 금물이다. 전략을 세울 때는 절대로 위험 요소를 가볍게 여겨서는 안 된다. 따라서 승리할 것이라는 확신이 서기 전까지는 최대한 수비를 철저히 하여 손실을 최소한으로 줄이는 방법을 우선시해야 한다. 상대가 눈감아 줄 거라며 상대의 인정에 기대하는 생각은 가장 어리석은 짓이다.

● 철저한 수비로 끝까지 불패의 태세를 지킨다

비밀 경찰은 신중한 준비와 계획, 이중삼중으로 경호하기 때문에 중요 인물의 안전을 확보할 수 있다

승리의 중요 요소인 수비를 결코 게을리하면 안 된다

적당한 선에서
공세를 멈춘다

승리가 결정되면 상대를 궁지에 몰지 마라

高陵勿向
고 능 물 향
제7 군쟁편

해석

고지를 점령하고 있는 적군을 공격하지 마라.

대군의 지휘를 맡은 장군에게는 절대 소홀히 넘겨서는 안 될 철칙이 있다. 고지를 점령한 적군을 향해 밑에서 공격해 올라가지 말라는 것도 그중 하나고, 언덕을 등지고 공격해오는 적군에게 맞서면 안 되는 것도 마찬가지다. 밑에서 위로 공격해 올라가려면 움직임이 둔해서 기세가 약해지기 때문이다. 막상 적군 앞에 도착했을 때는 기진맥진해져서 제대로 싸울 상태가 아니다. 당연히 상황은 불리해지고 쉽게 격파당할 수밖에 없다.

| 역습의 공포를 기억하라

또한 언덕을 등지고 공격해오는 사람은 물러서지 못하기 때문에 죽을 각오로 싸우기 마련이다. 얼마 안 되는 생존 가능성에 모든 것을 걸고 싸우는 날카로운 기세는 만만치 않아서 제대로 상대하려면 목숨이 몇 개여도 모자라다. 따라서 정면 공격은 최대한 피하고, 날카로운 기세가 무뎌지기를 기다려야 한다.

마찬가지로 일부러 도망치는 적군을 추격하는 시늉을 해서도 안 된다. 포위된 적군에게는 도망칠 구멍을 남겨주고, 퇴각하는 적군을 집요하게 추격해서도 안 된다. 퇴로가 끊긴 적군은 살길을 찾으려고 죽을 각오로 덤빈다. 그러한 싸움에서는 아군의 손실만 늘어날 뿐이다.

상대를 끝까지 궁지로 몰지 말고 적당한 선에서 공세를 늦추는 냉정함이 필요하다는 말이다.

● 공격할 때는 신중하게!

정면에서 제대로 공격받으면 타격이 심해진다

군인을 가치 없이
죽게 하지 마라

불이익을 당하지 않으려면 함부로 다투지 마라

死者不可以復生
사 자 불 가 이 부 생

제12 화공편

해석

죽은 군인은 다시 살아 돌아오지 못한다.

죽은 사람은 다시 살아나지 못하고, 떨어진 사기를 높이는 일은 쉽지 않다. 그래서 큰일을 맡은 인물은 희생을 최소한으로 줄이도록 신중하게 계획을 세워야 한다. 아무 득도 없는 싸움은 시작하지 않는 편이 좋다.

| 싸움에서 빼앗긴 것에는 깊고 큰 의미가 있다

전쟁은 우세일 때 끝내야 한다. 승리에 들떠서 지나친 욕심을 내면 언제 형세가 역전될지 모른다. 패배하면 그때까지의 성과가 전부 물거품이 되어버리니 자만하지 않는 것이 상책이다. 큰 희생을 치르면서 아무런 성과를 못 얻으면 체면을 잃게 된다. 위신이 떨어지는 일은 피할 수 없다.

이익을 얻을 수 없으면 전쟁을 시작하지 말고, 승리를 예상할 수 없으면 군사력을 행사하지 말며, 위험이 닥치지 않았을 때는 전투를 피한다. 그러한 냉정함이 중요하다.

적과 싸울 때도 일시적인 분개심으로 전투를 해서는 안 된다. 경솔하게 개전해서 만약 패배한다면 본전도 못 찾는다.

멸망한 국가는 다시 일어서기 어렵고, 죽은 사람은 다시 살아 돌아오지 못한다. 그래서 선견지명이 있는 전략가는 경솔하게 개전하지 않도록 신중한 태도로 전쟁에 임하고 자제한다.

그것이 국가의 평안함과 무사함을 지키고 불필요한 소모를 피하는 방법이다.

● 싸우기 전에 신중한 판단으로 희생을 최소화한다

싸울까? 회피할까?

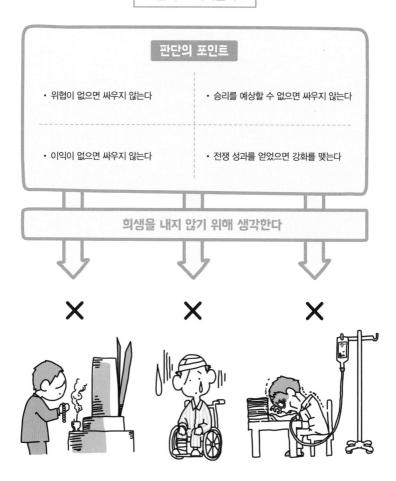

판단의 포인트

- 위협이 없으면 싸우지 않는다
- 승리를 예상할 수 없으면 싸우지 않는다
- 이익이 없으면 싸우지 않는다
- 전쟁 성과를 얻었으면 강화를 맺는다

희생을 내지 않기 위해 생각한다

✕ ✕ ✕

싸움에서는 불필요한 소모를 피해야 한다

전쟁이란
속고 속이는 것

상대가 진실을 알지 못하도록 노력하라

多算勝 少算不勝
다산승 소산부승
제1 시계편

(해석)

전략이 많은 자가 이기고, 적은 쪽이 진다.

전쟁에서는 적이 자기 군대 실력을 과소평가하게 만드는 것이 중요하고, 진군 속도나 위치를 오인하게 하는 것도 중요하다. 그러기 위해서는 전략을 많이 세워두어야 한다.

적을 뜻대로 조종하게 되면 우세를 차지한다. 적군이 현재 유리한 상황을 차지하고 있다면 적당한 장소로 유인해야 한다. 그러면 큰 타격을 가할 수 있다.

| 상대와 대면하기 전부터 책략을 세운다

적이 예상하지 못한 지점으로 군사를 파견해서 적의 동요를 유인하는 것도 하나의 수단이다. 평원에서 당당하게 승패를 결정하려는 책략은 어리석기 짝이 없는 일이다. 적이 오인하게 만들거나 내가 뜻하는 방향으로 유도하는 계책을 가능한 많이 세워둬야 한다. 그래야 아군의 손해는 최소한으로 줄이고 적에게는 최대한의 손해를 입힐 수 있다.

그러기 위해서는 적군에게 허위의 모습을 보여준다. 적이 진실을 깨달았을 때는 이미 소 잃고 외양간 고치는 일이 되도록 말이다. 가능하다면 패배한 원인조차 모르게 이기는 것이 제일 좋은 승리 방법이다.

원래 전쟁은 전투 전부터 시작된다. 군사 회의 자리에서 얼마나 많은 가능성을 추구해서 얼마나 교묘한 계책을 생각해낼지가 중요하다. 승패는 계책의 많고 적음으로 결정된다. 지극히 당연한 원칙이다.

군사 회의 자리에서 단 하나의 계책도 세우지 못해서 오로지 정공법으로 이기고, 오로지 정면으로 부딪치는 경우는 전혀 다른 문제다. 손자는 계책이 없으면 싸우기 전부터 패배를 선언한 것이나 다름없다고 여겼다.

대체로 현대 사회에서는 상대가 어떤 사람인지 모를 때는 본성을 숨기거나 실력을 감추는 것이 현명하다. 상대를 속이라는 말이

4
5

아니다. 다만, 상대가 아군인지 적군인지 파악되기 전까지만 잠시
멈춘 채 여러 대응법을 강구하고 있으라는 말이다. 상대가 양의 탈
을 쓴 흉악한 늑대일 가능성도 있기 때문이다.

● 가식적인 모습으로 상대를 조종한다

양의 탈을 쓴 늑대

겉으로는 친절한 듯 행동하면서 속으로는 음흉한 일을 생각하는 사람을 비유

고양이 탈을 쓴다

본성을 숨기고 온순하게 행동하는 것. 또한 알고 있으면서 모르는 체하는 것

능력 있는 매는 발톱을 감춘다

재능을 겉으로 드러내지 않음을 비유

오인하게 할 수단을 많이 준비하면 이길 가능성이 커진다

손자는 둘이었다?

공자나 장자의 '자子'와 마찬가지로 손자의 '자'도 경칭이지 이름은 아니다. 전한 시대의 역사가 사마천은 『사기』에서 두 사람의 손자를 언급한다. 한 명은 춘추 시대에 오나라의 왕 합려를 섬겼던 손무고, 다른 한 명은 전국 시대 중기에 제나라의 위왕을 섬겼던 손빈이다.

현존하는 『손자병법』 13편의 저자는 어느 쪽 손자일까? 사마천은 합려가 "자네가 쓴 13편을 전부 읽었네"라고 했던 말을 소개하는데, 여기서 언급된 13편이 현존하는 『손자병법』 13편과 동일하다는 확신은 없다.

손무와 손빈의 관계에 대해서도 사마천은 손빈을 손무의 자손이라고 썼지만 이를 방증할 사료가 없다. 산둥성 광라오현에 현존하는 손무 사당에는 손빈을 손무의 6대손이라고 하는 가계도가 걸려 있지만 이것도 방증할 사료는 아니고 후세에 창작했을 가능성이 높다. 이 가계도에서는 손무의 8대 선조가 제나라 왕실을 빼앗은 전씨田氏의 선조인 전완田完이라고 하면서 손무의 조부가 손씨 성을 받았다고 하는데, 마찬가지로 창작되었을 가능성이 높다.

손무와 손빈이 살던 시대는 100년의 차이가 있고, 손이라는 성씨도 차고 넘친다. 먼 친척일 가능성까지는 부정하지 않지만 직계 자손이라는 점은 믿기 어렵다. 둘 다 병법가로 이름을 날린 인물이기 때문에 혈연 관계로 만들고 싶은 마음은 이해하지만 말이다.

『손자병법』의 저자는 현재 손무라는 것이 정설이다.

2장

리더의
마음가짐

전쟁은
국가의 대사

어떤 상대라도 무턱대고 싸움을 걸어서는 안 된다

死生之地 存亡之道 不可不察也
사 생 지 지   존 망 지 도   불 가 불 찰 야

제1 시계편

(해석)

군인의 생사가 걸린 전쟁과 국가의 운명에 관련된 선택은 신중하게
해야 한다.

손자는 전쟁은 국가의 운명을 좌우하는 대사라고 규정하면서
먼저 다섯 가지의 기본 원칙을 제시한다. 그것은 '도道, 천天, 지地,
장將, 법法'이다. '도'는 내정의 올바른 자세, '천'은 기상 조건의 좋
고 나쁨, '지'는 지리적 조건의 좋고 나쁨, '장'은 지휘관의 능력,
'법'은 군법을 나타낸다.

| 따르는 자들의 신뢰를 얻어야 진정한 리더다

군대가 최대한의 힘을 발휘하기 위해서는 지휘관과 군인들 모두 마음을 하나로 통일할 필요가 있고, 그러기 위해서는 평소의 통치가 중요하다.

군인들이 지휘관의 지시에 의심을 품지 않고, 어떠한 어려움이 있더라도 두려워하지 않으며, 생사를 함께한다는 각오를 하기 위해서는 엄격하고 공정한 태도로 일관하는 등 개전할 때까지 확실하게 신뢰 관계를 구축해야 한다. 그것이 손자가 말하는 '도'다. '도'가 갖춰져야 함께 하나된 목표를 향해 나아갈 수 있다.

네 번째로 거론한 '장'도 이와 관련된 것이다. 병사의 목숨을 책임지는 이상 지휘관이 반드시 가져야 할 자질에 대해서 이야기한다. 구체적으로는 물질을 명확하게 살피는 지력, 부하의 신뢰, 부하에 대한 배려와 인자함, 어떤 곤란에도 좌절하지 않는 용기, 규율을 유지하는 엄격함을 말한다.

쉽게 말해, 사람들을 이끄는 위치에 선 사람이라면 리더십을 갖춰야 한다는 뜻이다. 지휘관이 어리석거나 성실하지 않거나 인자함, 용기가 없거나 엄격하지 못하면 전쟁에서 필패할 수밖에 없다. 지휘관을 현대 경쟁 사회에서 살아가는 기업의 리더로 바꿔서 읽어도 적용되는 덕목들이다.

리더십 즉, '장'을 갖춘 지휘관이어야 비로소 '법'을 적확하게 행사할 수 있다. 다섯 가지의 기본 원칙 중 하나라도 불안하다면 전

쟁을 시작해서는 안 된다. 국가의 대사인 전쟁을 경솔하게 일으켜
서는 안 된다.

● 리더가 생각해야 할 다섯 가지

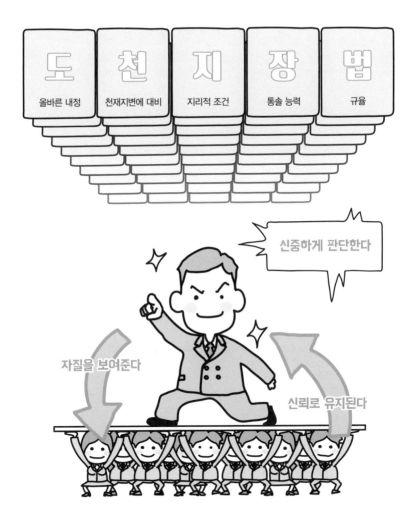

도	천	지	장	법
올바른 내정	천재지변에 대비	지리적 조건	통솔 능력	규율

신중하게 판단한다

자질을 보여준다

신뢰로 유지된다

부하들의 안전을 위해서라도 경솔하게 중대한 결단을 내리지 않는다

작전이 기용되지 않을 때는
자리에서 물러난다

기대받지 못하는 리더는 조직에 활력을 불어넣지 못한다

將聽吾計 用之必勝 留之

장청오계 용지필승 유지

제1 시계편

(해석)

만약 주군이 내 전략을 기용한다면 그것을 운용해서 반드시 승리한다.

손자는 앞서 다섯 가지 기본 원칙을 제시했는데, 다섯 가지 원칙
이 군주에게 기용되지 않을 때는 깨끗하게 장군직 임명을 거절하
고 그 나라를 떠나라고 말한다.

| 결과를 낼 자신이 없다면 스스로 물러난다

손자가 제시한 것은 강한 군대를 만들 뿐 아니라 국가의 총력을
높이기 위한 이치고, 그 이치가 기용되지 않으면 지휘관이 되어도
어찌할 도리가 없다는 뜻이다. 문제는 비합리적이고 불합리한 국

가의 상태인데, 이를 개선하지 않으면 지휘관이 되더라도 부국강병을 도모할 수가 없다. 아무리 유능한 지휘관이더라도 제한이 많은 상황에서는 실력을 발휘할 수 없다. 실패가 눈에 보이면 자진해서 사퇴하고 빨리 다른 자리를 찾는 것이 현명하다.

정치인 중에서는 대접받는 기분에 눈이 멀어 전략이 기용되지 않아도 기꺼이 관직에 오른 사람도 있다. 하지만 전제 조건이 기용되지 않은 상황에서 어떻게 성과를 올릴 수 있을까? 손발이 다 묶인 상태에서 전쟁터에 나간들 하늘의 도움이 없는 이상 승리해서 개선할 가능성은 없다. 비참하게 패배하고 포로가 되거나 일이 잘못되어서 전사할 위험도 크다. 만약 살아서 돌아온다고 해도 패배한 지휘관이라는 오명을 쓰게 된다.

그러한 굴욕을 피하기 위해서라도 손자는 전략이 기용되지 않을 때는 리더 자리를 거절해야 한다고 말했다.

● 리더가 힘을 발휘할 수 있는 환경 - 현대판

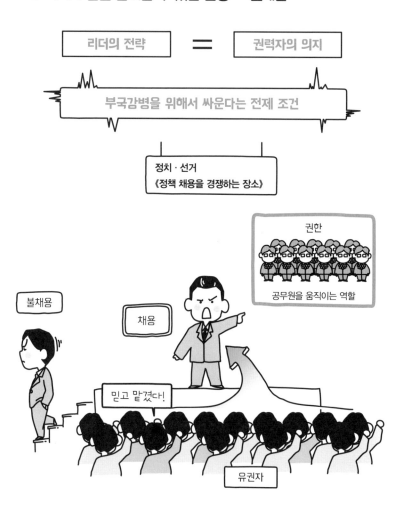

리더의 전략　＝　권력자의 의지

부국강병을 위해서 싸운다는 전제 조건

정치 · 선거
《정책 채용을 경쟁하는 장소》

권한

공무원을 움직이는 역할

불채용

채용

믿고 맡겼다!

유권자

권한 장악이라는 약속이 지켜지지 않으면
리더는 힘을 발휘할 수 없다

지휘관은
국가의 보좌역이다

우두머리와 리더 사이에 틈이 있어서는 안 된다

輔隙則國必弱
보극즉국필약
제3 모공편

(해석)

보좌역과 군주 사이에 틈이 생기면 그 국가는 약해진다.

장군은 국가의 보좌역이고 군대의 지휘관이다. 지휘관과 군주
(국가 원수)가 친밀하면 국가는 평안하지만 둘 사이에 틈이 생기면
그 국가는 반드시 쇠약해진다. 군주와 지휘관 사이가 긴밀하지 않
으면 지휘관이 출정한 사이에 그 폐해가 현저하게 드러난다. 이때
를 기회로 생각하고 군주의 환심을 사려는 사람도 있고, 적국과 내
통하며 군주와 지휘관 사이의 균열을 심화시키려는 책략을 짜는
사람도 있기 때문이다.

| 이중 규범은 혼란을 일으킨다

본래 전선의 실정을 모르는 군주는 세세한 지시를 내려서는 안 된다. 그럼에도 대부분의 군주는 불확실한 정보를 토대로 진격해서는 안 될 상황에서 진격 명령을, 철수해서는 안 될 상황에서 철수 명령을 전달한다.

다른 작전 행동에 대해서도 마찬가지다. 후방에 있는 군주가 명령을 내리면 전선에 있는 병사들은 지휘관의 명령과 군주의 명령 중 어느 쪽을 따라야 할지 당황해서 군대 체계를 유지할 수 없다. 지휘 체계가 흐트러지면 패배는 당연해지고, 궁지에 처한 상황을 본 다른 나라가 적국 쪽으로 참전할 우려는 물론 망국의 위기까지 생긴다.

따라서 군주는 일단 지휘관을 임명했으면 전권을 지휘관에 맡기고 현장 지휘에는 일절 간섭해서는 안 된다.

그리고 지휘관도 군주가 어떤 명령을 내리든 무조건 복종하지 말고, 눈앞에 닥친 상황에 어떻게 대처할지를 가장 우선시해서 판단을 내려야 한다.

● 불필요한 지시가 현장에 혼란을 야기한다

군주와 지휘관이 친밀하면 이러한 혼란을 만들지 않는다

2장 | 리더의 마음가짐

뛰어난 지휘란?

상대에게 절대 틈을 보이지 않으면서 승부를 끝낸다

勢者 因利而制權也
세 자 인 리 이 제 권 야
제1 시계편

(해석)

기세란 유리한 상황에서 승패를 결정하는 비장의 카드를 말한다.

전쟁에서 승리를 얻으려면 개인의 용기나 능력에 의지하기보다 기세를 이용해야 한다. 여기서 말하는 기세란 전투에 돌입할 때 군대 전체의 기세를 말하는 것으로, 승리를 단번에 불러올 비장의 카드다.

전략가는 중요한 지점의 기습을 위장하거나 어떤 이익이 있음을 흘려서 적군을 예측한 지점으로 유인하는 전략에 능하다. 그러한 지점은 공격하는 쪽에는 유리하지만 방어하는 쪽에는 불리한 지형이기 때문에 승리할 가능성이 커진다.

| 기세 좋게 돌로 달걀을 깬다

물론 평범한 지휘관은 그러한 작전을 짜고 실행하기가 어렵다. 유능한 지휘관이어야 가능한 일이다. 유능한 지휘관은 대군을 지휘할 때도 소부대를 지휘하는 것처럼 일사불란하게 군대를 움직인다.

군대를 일사불란하게 움직이기 위해서는 지휘관과 병사 사이에 평소 신뢰 관계가 쌓여야 한다. '이 지휘관의 지휘를 따르면 절대 패배할 리 없다, 틀림없이 큰 포상을 받을 수 있을 것이다'라고 생각하도록 만들어야 한다.

이렇게 기세가 붙은 군대가 적군을 격파하는 모습은 마치 돌로 달걀을 깨는 듯하다. 이러한 상황이 되면 적군의 장병은 왜 패했는지 모르는 채 전사하거나 포로가 된다.

현대 사회로 대입해 보면 리더는 부하들을 적재적소에 잘 기용해서 팀의 기세를 올리는 것이 중요하다는 의미다.

● 리더는 개개인의 힘을 모아서 큰 힘을 만든다

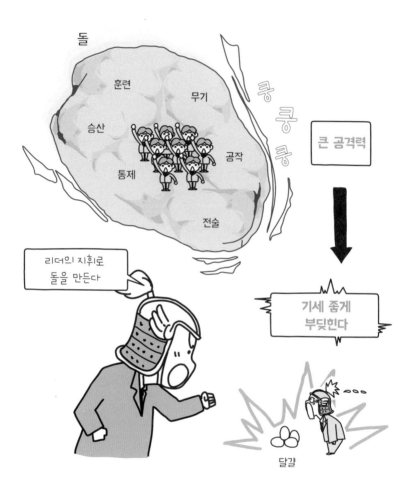

아군을 강하게 하고 상대를 약하게 만들어
공격하는 것이 승리의 철칙

평판은
신경 쓰지 않는다

화려한 승리는 불필요하다. 소박해도 확실한 승리가 중요하다

勝兵先勝而後求戰　敗兵先戰而後求勝
승병선승이후구전　패병선전이후구승
제4 군형편

$\boxed{\text{해석}}$

이기는 군대는 태세를 갖추고 전쟁에 임하지만 패하는 군대는 전쟁에 임한 후에 승리를 바란다.

전략가는 먼저 불패의 태세를 갖춘 후에 적의 동향을 계속 감시하다가 순간의 틈을 놓치지 않고 공격해서 쉽게 승리한다. 전투 개시 후에 계책을 짜는 군대는 처음부터 패한 것이나 다름없다.

| 희생을 최소한으로 하면서 결과를 이끌어낸다

유능한 지휘관은 통찰력이 범인의 영역을 넘어서기 때문에 확실한 승리를 거머쥘 수 있지만 결코 화려한 전투를 벌이지 않는다.

미리 정성을 들여 준비한 후 싸움에 임하기 때문에 용맹한 전투를 과시할 필요도 없고, 위험한 상황 없이도 승리를 손에 넣는다. 전쟁의 공세와 수세도 모르는 사람들에게 상찬받는 지휘관은 아마추어일 뿐이다.

나중에 자세한 전투 상황을 들은 사람에게는 용맹한 무장의 존재와 묘책을 구사한 승리극만큼 재미있는 이야기도 없다. 하지만 실제 전투에서는 많은 피가 흐르고 수많은 젊은이가 목숨을 잃는다. 죽고 사는 공방을 전개하는 이상 흥미를 기대하는 전투란 당치 않다. 손해를 최소한으로 하면서 승리하는 것이 최선이다. 따라서 사전 공작이 중요한데, 세상의 평판을 신경 써서 일부러 명장면을 연출하려는 지휘관만큼 어리석고 위험한 존재는 없다.

적이 승리의 원인이 무엇인지 모르게 만든 채 확실하게 승리를 거머쥐는 사람이야말로 리더라고 불릴 가치가 있다.

● 소박해도 위험하지 않은 승리가 최선

상찬받을 만한 명장면 따위는 없어도 된다

정공법과 묘책을
잘 사용하라

묘책을 성공시키면 승리에 가까워진다

奇正相生 如循環之無端 孰能窮之
기정상생 여순환지무단 숙능궁지
제5 병세편

(해석)

기공법과 묘책이 순환하며 나타나는 모습은 마치 원처럼 시작과 끝
이 없다.

**전쟁터에서 화려한 연출은 불필요하지만 속고 속이는 측면에서
볼 때는** 정공법과 묘책을 잘 나눠서 사용해야 한다.

적군과 대진할 때는 정공법으로 친다. 하지만 전력이 우열을 가
리리 힘들 때는 적군에 틈이 생길 때까지 기다리거나 묘책으로 적
군의 혼란을 유도해야 한다.

| 묘책이 교착 상태를 타개할 실마리가 된다

기습이든 내통 공작이든 상관없다. 적군의 허점(대비하지 못한 부분)을 찌르면 된다는 점이 중요하다. 작은 싸움에서 진 것처럼 보이게 해서 적군을 진영 밖으로 유인하거나 적군이 진영을 이동하도록 부추기는 묘책도 좋다.

여기서 손자는 사람을 이끄는 리더는 정공법과 묘책을 잘 사용해야 한다고 가르친다. 정공법이나 묘책 중 어느 한쪽으로 기울면 상대한테 행동을 읽혀버린다. 그러한 실패가 쌓이면 부하들의 신뢰를 잃을 수밖에 없다.

상대가 백전백승의 강자면 정공법을 쓰는 게 좋을 것이다. 상대의 수가 높은데 계속 묘책을 쓰면 오히려 쉽게 보일 수 있다.

상호 성의 있는 인간, 교섭 상대에 적합한 인간임을 인정하고 진지한 승부가 시작된 후에 묘책을 사용해도 충분하다. 처음으로 대면하는 상대면 한동안 가벼운 잽을 주고받으면서 실력을 확인하는 것이 현명하다.

● **정면으로 마주하면서 뒤에서 상대를 약하게 만든다**

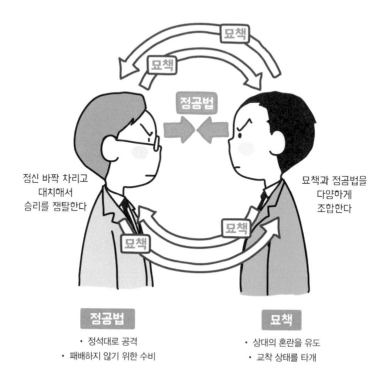

어떤 묘책을 내놓을지가 리더의 지혜가 발휘되는 지점이다

지휘 명령 계통을
갖추어라

치治·용勇·강强을 유지해서 불패의 태세를 이어간다

鬪亂而不可亂也
투 난 이 부 가 난 야

제5 병세편

> **해석**
>
> 양쪽 군인이 뒤섞여 전투가 혼란한 상태가 되어도 지휘 계통이 흐
> 트러지면 안 된다.

개전 전에는 질서정연하게 통솔되던 군대도 전쟁으로 혼란해지면 진형이 무너지고 군대 편성이나 지령에도 혼선이 발생한다. 개전 전에는 의욕이 넘치던 군인들도 전황이 불리해지면 겁을 먹는다. 개전 전에는 강대했던 군대라도 한 번 열세가 되면 순식간에 전력이 저하된다.

이러한 사태를 피하기 위해서 지휘관에게는 임기응변의 재능과 강한 자각이 요구된다. 그리고 임기응변의 재능과 강한 자각을 갖

춘 지휘관이 이끄는 군대는 전투가 혼란해져도 진형을 유지할 수 있다.

| 지휘 계통·기세·태세를 갖춘다

강한 군대는 최악의 사태를 피할 뿐만 아니라 상당히 높은 확률로 승리할 가능성이 있는데, 이때 필요한 점은 치治·용勇·강强 세 가지다.

여기서 말하는 '치'는 군대에 대한 확실한 통제, '용'은 전투에 돌입할 때의 기세, '강'은 강력한 진형을 의미한다. 부대 편성과 지휘 명령 계통이 확실한 군대는 실타래가 엉키듯이 혼란한 전투 상태에서도 절대 흐트러지지 않는다. 물이 소용돌이치듯 계속 진형이 달라져도 편성된 부대 그 자체가 파탄할 일도 없으며 패배할 위험도 없다.

그래서 리더는 끊임없이 '치', '용', '강'을 염두에 두어야 한다. 태세가 란亂(=혼란), 겁怯(=무기력), 약弱(=패배의 태세)으로 바뀌지 않도록 최선을 다하라는 것이 손자의 가르침이다.

● 승리의 키워드는 '치·용·강'

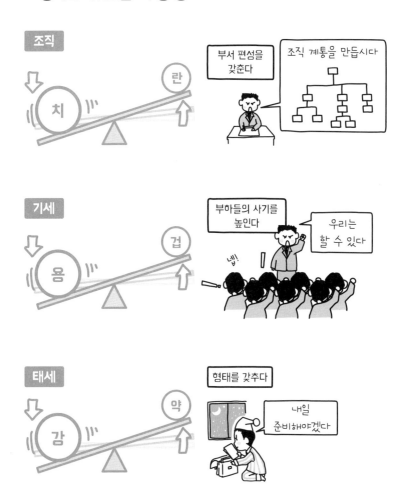

**리더는 부하가 혼란, 무기력, 패배의 태세로
기울지 않도록 통솔한다**

군인을 쓰고 버리는
말처럼 다루지 마라

갓난아이를 지키듯 부하를 지켜라

故可與之俱死
고 가 여 지 구 사
제10 지형편

(해석)

그래서 위험한 상황에서도 생사를 함께하려는 마음이 생겨나는 것이다.

뛰어난 지휘관은 군인들의 부모를 대신하기도 하고 선생을 대신하기도 한다.

전쟁이 무엇인지, 국가를 지킨다는 의미가 무엇인지, 군인의 역할이 무엇인지 평소 훈련과 실전을 통해 철저히 가르치는 일이 지휘관의 역할이다. 그리고 교육의 성과를 세상에 알리기 위해서는 훌륭하게 성장한 군인들을 가능한 한 많이 살려서 본국으로 데리고 가야 한다.

| 진정한 인애를 보여주는 것이 리더의 역할이다

지휘관이 군인을 볼 때는 평소에도 갓난아이를 대하듯이 해야 한다(시졸여영아視卒如嬰兒). 군인을 대하는 태도는 실로 부모가 자기 자식을 대하듯이 자애로움이 넘쳐야 한다(시졸여애자視卒如愛子). 그렇게 해야만 군인을 위험한 임무에 배치할 때도 지휘관과 생사를 함께하겠다는 각오를 다진다.

군인을 소모품처럼 취급하는 지휘관에게는 실패의 낙인이 찍힌다. 인애는 형식적으로 행하는 것이 아니라 실제 행동으로 보여줘야 한다. 하지만 오직 사랑하고 아낀다고 해서 좋은 건 아니고, 명령대로 행동하게 엄격하게 가르치는 일도 중요하다. 만약 그것을 태만히 하면 방탕한 아들을 키우는 것이나 다름없어서 군대가 제역할을 하지 못한다.

인애와 무른 것은 다르다. 자애는 좋지만 맹목적인 사랑은 바람직하지 않다. 그 차이를 분명히 인식해서 자애로움과 엄격함을 균형감 있게 잘 사용하는 사람만이 리더가 될 수 있다.

7
5

● 부하를 배려하는 자애로운 마음을 갖는다

자애로움과 엄격함을 균형감 있게 잘 사용하는 것이 리더의 자격

신상필벌을
명확히 하라

부하를 심복으로 얻으면 언제나 활로는 열려 있다

令素信著者 與衆相得也
영 소 신 저 자   여 중 상 득 야
제9 행군편

(해석)

평소에 명령을 성실하게 이행하게 만드는 지휘관은 군인과 마음이 하나다.

군인의 수가 많다고 해서 좋은 건 아니다. 수가 적더라도 잘 통솔되고 경솔하게 돌격하지 않는다면 마지막에 적을 무찔러서 승리할 수 있다.

| 처벌을 통해 마음을 얻을 수도 있다

군인들을 통솔하기 위해서 지휘관은 먼저 앞에서 논한 바와 같은 수단으로 군인들과 가까워지는 것이 중요하다. 그렇지 않으면 군인들은 지휘관을 성심껏 따르지 않고, 그들의 마음을 얻지 못하면 어떤 명령을 내려도 생각대로 움직일 수 없기 때문이다.

반대로 군인들의 마음을 얻더라도 단호한 처벌을 내리지 못하면 그 군대는 쓸모가 없어진다. 무른 틈이 생겨서 해이해진 마음은 전쟁터에서 목숨을 잃게 만든다. 그러므로 지휘관은 칭찬과 벌을 잘 사용해서 군대의 통제와 단결을 강화해야 한다.

지휘관은 군인들과 가깝게 지내며 공정한 태도를 보여주면서 동시에 규율을 위반하는 사람이 있다면 단호하게 처벌을 내려야 한다.

신상필벌을 명확히 하지 않으면 군인들에게 두려움을 갖게 하는 일도 불가능하고 진심 어린 충성도 얻을 수 없기 때문이다.

평소에 군의 명령이 철저하게 잘 전달되는지 아닌지로 그 군대의 실력을 알 수 있다. 명령에 대한 위반이 방임되면 긴박한 상황에서 군대를 거침없이 활용할 수 없기 때문이다.

● 좋은 것을 좋다고, 나쁜 것을 나쁘다고 말할 수 있는 강함

울면서 마속을 베다

아끼는 사람이더라도 명령을 위반하면 규율을
지키기 위해서 엄격하게 처분한다

쓰담쓰담

반격

『삼국지』의 영웅 제갈량은 마속이 명령을
위반하고 전쟁에서 대패했기 때문에 눈
물을 흘리며 단죄했다

강한 분이네

훌륭한 결단이다

제대로 잘 해야지!

| 경외감 | ⇨ | 심복 | ⇨ | 통제 |

공정한 태도로 신상필벌에 힘쓰면 신뢰를 구축할 수 있다

군인의 마음을
하나로 모아라

부하를 서로 돕게 하면 팀의 힘이 커진다

夫吳人與越人相惡也 當其同舟而濟遇風 其相救也 加左右手
부 오 인 여 월 인 상 오 야 당 기 동 주 이 제 우 풍 기 상 구 야 여 좌 우 수

제11 구지편

(해석)

같은 배를 탄 사람들은 서로 돕는다.

오나라와 월나라 사람은 적대 관계지만 같은 배를 타고 강을 건
널 때는 마치 계획한 것처럼 서로 협력한다. 역할 분담을 해서 서
로 돕지 않으면 모두의 목숨이 위험에 처하기 때문에 누군가의 지
시 없이도 일이 원활하게 진행된다. 여전히 사용되고 있는 '오월동
주'라는 사자성어의 출전은 바로 『손자병법』의 이 부분이다.

군대를 조종하는 방법도 마찬가지다. 군 전체를 통합할 수 있을
지 없을지는 지휘관의 수완에 달렸다.

80

| 서로 돕게 만들면 큰 힘이 생긴다

괴력을 가진 사람은 물론이고 약한 사람까지 자신을 용자라고 믿게 만들어 전투에 나서게 한다. 그러려면 '서로 협력하지 않으면 무너진다'라는 자각을 하도록 만들어야 한다. 목숨이 걸렸다고 생각하면 평소 사이가 좋지 않던 사람들도 호흡을 맞춰 행동할 수 있기 때문이다.

사람의 감정은 전염된다. 좋은 쪽으로 전염시킬지, 나쁜 쪽으로 전염시킬지는 윗사람의 수완에 달려 있고 유능한 리더라면 자신만의 방법으로 매우 쉽게 협력을 이끌어낼 것이다.

중대한 위기는 사람들의 사고력은 물론 기력과 체력까지 빼앗는다. 하지만 도움받을 희망이 있다면 사람들은 120퍼센트는 말할 것도 없고, 200퍼센트의 힘을 발휘한다. 그 이치를 이해하면 위기를 기회로 바꿀 수 있다.

● 도움을 받으려면 협력해야 한다

오월동주

사이가 나쁜 사람끼리 같이 행동하는 것. 또한 목적이 같다면 적대 관계의 사람도 서로 협력한다는 말

내가 물을 퍼내겠다

내가 구멍을 메우겠다

모두 배에 태운다

⬇

역할을 분담해서 협력한다

태풍이 온다!

마음을 하나로 모아서 서로 돕자!

목적과 수단이 같으면 하나로 뭉칠 수 있다

군대를 일사불란하게
조종하라

질서정연하게 움직이는 팀은 그만큼 힘이 있다

所以一民之耳目也

소 이 일 민 지 이 목 야

제7 군쟁편

해석

군인들의 인식을 하나의 방향으로 집중시킨다.

能愚士卒之耳目 使之無知

능 우 사 졸 지 이 목 사 지 무 지

제11 구지편

해석

군인들의 인식 능력을 무효로 만든다.

전쟁터에 나갈 때 지휘관은 군인들에게 작전을 자세하게 설명할 필요가 없다. 오히려 삼가는 게 현명하다.

군인들에게는 최종 목적만 알린다. 탈영병이나 내통자가 나오더라도 작전에 지장을 주지 않도록 최소한만 알리고 진로를 계속 바꾸면서 공격 지점이 어딘지 모르게 한다. 군대를 통솔하기 위해서는 그만큼 진중한 자세가 필요하다.

| 대단한 것처럼 보이게 해서 상대를 위축시키는 전법

지휘관에게는 군대를 일사불란하게 조종할 능력이 요구된다. 멋대로 돌격하는 사람이나 후퇴하는 사람이 생기면 군대에 나쁜 영향을 미치기 때문이다. 그러기 위해서는 지휘 계통을 명확히 하면서 지휘관의 명령을 직접 들을 수 없는 위치의 군인들에게도 명령을 전달하기 위해서 북과 징을 치거나 깃발까지 동원한다. 미리 규칙을 전달해두면 북소리나 깃발의 움직임만으로도 지휘관의 뜻을 전달할 수 있다.

질서정연하게 행동하는 군대는 그만큼 상대를 긴장하게 만든다. 적군의 통제가 느슨해지면 북소리나 깃발의 신호로 엄숙하게 전진하는 모습을 보기만 해도 금방 동요가 생긴다. 만반의 준비를 한 수비에도 틈이 생길 것이기에 그곳을 공격하면 반드시 국면을 타개할 수 있다.

이 계책이 성공할지 실패할지는 지휘관이 군인들의 마음을 하

손자병법

나로 모을지 못할지에 달려 있고, 리더로서의 자질이 시험대에 오
르는 국면이다.

● 팀을 하나로 모으는 것이 리더의 역할

합창 대회

질서

정연

안무까지
완벽!!

리더의 역할

· 팀원의 마음을 하나로 모은다
· 활동을 집중시킨다(잡생각이 들지 않게 한다)
· 상대측에 통제된 모습을 보여준다

다른 참가 팀(의기소침)

강한 모습을 보여주는 것도 승리를 부르는 요소다

안전 관리는
지휘관의 의무

전진할 때는 항상 길의 상황과 이후의 전개를 상상하는 것이 중요

將之至任 不可不察也
장 지 지 임 불 가 불 찰 야
제10 지형편

(해석)

(지형에 관한 여섯 가지 원칙은) 지휘관에게 중대한 임무기에 잘 생각해야 한다.

손자는 지휘관에게는 전쟁터와 그곳으로 가는 지리·형세에 관해 파악해야 할 여섯 가지 원칙이 있다고 말했다. **사방으로 트인 곳, 도중에 행군을 정체시키는 험한 지형이 있는 곳, 샛길이 여러 갈래로 뻗어 있는 곳, 길이 갑자기 좁아지는 곳, 높고 험준한 곳 그리고 적과의 거리다.**

| 지형에 관한 여섯 가지 원칙과 대처법

사방으로 넓게 뚫린 트인 장소를 발견했다면 적군보다 먼저 고지의 남쪽에 진을 쳐서 보급로를 확보해야 한다. 행군을 방해하는 험한 지형을 발견하면 그 앞쪽에 적의 방어 진지가 있는지 없는지에 따라 진행을 결정한다. 길의 분기점을 발견한다면 후퇴해서 적이 그곳에 접어들기를 기다려 공격한다. 좁고 험한 길을 만나면 적군과 우군 중 누가 먼저 도착하는지에 따라 방향을 결정한다. 높고 험준한 곳에 우군이 먼저 도착했을 때는 남쪽에 진을 치고, 적의 습격을 기다린다. 적이 먼저 도착했다면 후퇴해서 상황을 관찰한다. 또한 양쪽 군대의 진지가 멀리 떨어져 있고 병력이 비슷할 때는 먼저 싸움을 시작해서는 안 된다.

이는 리더에게 안전 관리를 주의하라는 가르침이다. 팀 전체가 목적지 또는 어떤 목표까지 도달하기 위해서는 항상 앞으로 생길 위험을 고려해서 그 대처법을 생각하는 신중한 리더의 존재가 반드시 필요하다.

● 리더는 길을 기억해서 부하를 안전하게 인솔한다

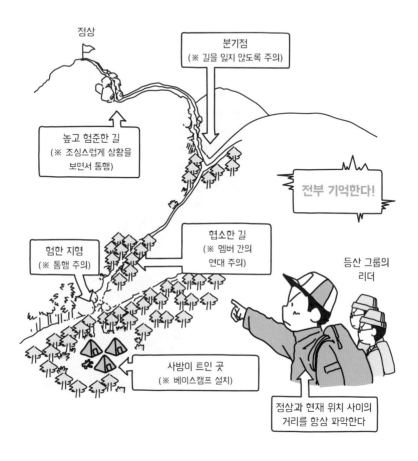

각 지형에는 특징적인 위험이 있다

손무와 그 시대

손무는 춘추전국 시대 말에 장강 하류에서 세력을 확장한 오나라왕 합려의 군사 자문을 했는데, 그 시기와 장소가 손무의 병법이 태어난 요인이 되었다.

춘추전국 시대는 주왕의 실력과 권위가 실추하던 시기다. 쳐들어오는 적에 맞서기 위해서는 가장 강한 제후를 맹주로 옹립해야 해서 당시에 황하 유역을 중원 제후들이 교대로 맹주의 역할을 맡았다. 그러다가 춘추전국 시대 중반이 지나자 장강 유역 제후들의 위세가 높아지면서 중류 지역의 초나라를 시작으로 하류 지역의 오나라와 월나라도 맹주의 자리를 엿보게 되었다.

장강 유역 나라들의 대두는 전술의 변화를 가져왔다. 그때까지 전쟁에서는 두 마리의 말이 끄는 전차가 군대 중심에 있었고, 전쟁터는 시야가 확 트인 평원에 한정되어 승패는 전차전의 귀추로 결정되었다. 그렇지만 장강 유역은 물과 늪지가 많은 곳이라서 전차는 보조 수단일 뿐이었고 군대의 중심은 보병이었다.

보병은 울퉁불퉁해서 불편한 길은 물론 전차가 달릴 수 없는 산이나 숲속에서도 진군할 수 있다. 전차와 비교할 수 없을 정도로 행동 범위가 넓고, 전쟁터도 굳이 평원일 필요가 없다. 그래서 장강 유역 나라들의 전술은 다양하게 발전했고, 전술에 관한 지침서로 처음 저술된 책이 손무의 『손자병법』이었다.

전차 전쟁에 익숙한 장병에게 보병의 효과적인 활용법을 가르칠 입문서가 필요했고, 거기에 응답한 최초의 책이 『손자병법』이었던 것이다.

춘추 시대의 다섯 나라의 패권
(기원전 770~403년)

3장

통찰력을
키우는 방법

아군을 잃지 말고
적군을 상처 없이 항복시켜라

싸우지 않고 상대를 굴복시키는 것이 최선의 방법이다

全國爲上
전 국 위 상

제3 모공편

해석

적국이 온전한 채로 승리하는 것이 최상의 방법이다.

其下攻城
기 하 공 성

제3 모공편

해석

가장 마지막 방법은 적의 요새를 공격하는 것이다.

전쟁에서는 이겨야 한다. 하지만 전쟁터에서 생명을 두고 쟁탈전을 벌이는 것만이 전쟁은 아니다. 한 번도 싸우지 않고 적국을 굴복시키는 것이 최선의 방법이고, 전투에서 승리를 하는 것은 차선책이다. 최선의 방법이 성공하면 아군의 손해도 전혀 없고 상대국의 전력을 온전히 아군의 병력으로 만들 수 있기 때문이다.

전투에 따른 '승리'를 더 세세하게 구분하면 최선의 방법은 적국과 우호국 관계의 단절이고, 다음이 야외 전투의 승리다. 공성전에서 승리하는 것이 가장 졸렬한 방법이다.

| 관용이 아니면 진정한 승리를 맛볼 수 없다

전쟁만이 아니라 모든 싸움은 빨리 결말을 짓는 편이 현명하다. 이러한 이치는 현대 사회에도 해당한다. 상대를 철저하게 때려 부수지 않고 상처 없이 자신의 진영으로 끌어들이는 것이 가장 좋은 방법이고, 이 방법이 통하면 단번에 힘을 배로 늘릴 수 있다.

차선책으로는 상대를 약하게 만들고 유리한 태세를 만든 후에 대화를 제안하는 방법이 있다. 불리함을 자각한 상대는 양보할 수밖에 없고, 상대가 양보한다면 이쪽도 관용적인 태도로 수용하여 원만한 쪽으로 해결해도 된다. 그렇게 하면 응어리가 남을 일도 적다.

가장 어리석은 방법은 상대를 힘으로 눌러 강제로 굴복시키는 것으로, 이 방법은 승리를 해도 만신창이가 되어 오히려 총체적인 힘은 약해진다. 결국 얻는 게 없는 싸움이 된다.

● 싸우지 않고 굴복시키는 것이 최선의 승리

3가지 승리 방법

저 녀석이 잘하는 분야에서 이겨서 찍소리도 못하게 만들겠다!

그것은 하책

힘이 됩니다~

상: 싸움 없이 굴복시킨다

영웅적이지만 소모가 많아 위험률도 높다

휴···

졌다

중: 상대를 약하게 만들어 싸워 이긴다

하: 정면 승부로 이긴다

위험과 소모를 가능한 피하는 편이 전략을 세우는 포인트

속전속결만이
답이다

싸우는 기간이 길어지면 예측 불가능한 사태가 발생한다

故不盡知用兵之害者 則不能盡知用兵之利也
고 부 진 지 용 병 지 해 자 칙 부 능 진 지 용 병 지 리 야

제2 작전편

(해석)

군의 운용에 수반되는 손해를 철저하게 예측하지 못한 사람은 군의
운용으로 초래되는 이익도 전부 파악하지 못한다.

전쟁에 임할 때는 장기전을 피해 속전속결로 끝낼 각오를 해야
한다. 원래 전쟁이란 군의 장비를 갖추는 것만으로도 막대한 비용
이 필요하다. 사람을 모으고 전차나 무기를 준비해야 하고 군량과
여물도 충분히 비축해야 한다. 그리고 드디어 출정에 나섰는데 대
진이 길어지면 비용이 불어날 뿐만 아니라 군사의 피폐함도 커진
다. 국고 사정도 마찬가지로 때에 따라서는 파탄이 날 우려마저
있다.

| 완벽한 승리는 처음부터 포기하자

미련 때문에 장기전을 계속하면 예측하지 못한 사태도 생길 수 있다. 무엇보다 신경이 쓰이는 부분은 그때까지 중립이던 제후들의 동향이다. 완전히 피폐해진 모습을 보고 그 틈을 기회로 삼아 군대를 일으켜서 언제 공격해올지 모르기 때문이다. 그렇게 되면 어떤 책략가라도 유효한 대책을 세우지 못해서 큰 실패를 하거나 굴욕적인 조건으로 강화 협상을 할 수밖에 없다. 그러한 추태를 피하기 위해서라도 장기전은 절대로 안 된다. 싸운다면 오직 속전속결만 답이다.

마찬가지 이유로 싸움에서 승리하기 위해서는 다소 졸렬하더라도 묵과하고 신속하게 끝내는 편이 유리하다. 패배하면 본전도 못 찾기 때문이다. 어떻게 이길지는 부차적인 문제다. 우리 측이 지나치게 양보한다고 생각되는 협상에서도 때에 따라서는 빨리 승낙하는 편이 현명한 판단일 수 있다.

● 진흙탕 싸움의 손해

A 회사와 B 회사의
권리 투쟁 재판

합의하는 편이
좋을 텐데

A 회사와 B 회사는
저런 약점이 있구나!

길어지면...

- 비용이 든다
- 기진맥진해진다
- 과실이 평판이 되어 회사 이미지가 실추된다
- 내부 정보가 밖으로 샌다 등

⇩

큰 손실

완벽한 승리를
원한다면

경쟁 → 다소 부족해도 못 본 체하고
이기면 그만이라 생각한다

강화 협정 → 양보도 있을 수 있다

손해를 늘리지 않기 위한 통찰력이 중요하다

일기가성으로
휘몰아쳐라

축적된 힘을 단숨에 몰아쳐서 폭발적인 파괴력을 낳는다

卒離而不集 兵合而不齊
졸 리 이 부 집 병 합 이 부 제

제11 구지편

해석

적군을 분산시키고, 다시 집합해도 태세를 정연하지 못하도록 한다.

是故善戰者 其勢險 其節短
시 고 선 전 자 기 세 험 기 절 단

제5 병세편

해석

전략가는 한계까지 힘을 축적했다가 단숨에 그것을 방출한다.

속전속결이 중요하다고 해도 아무 준비 없이 개전하는 것은 더 없이 어리석은 일이다. 전쟁에서는 적을 분단하는 뒷공작과 기세도 중요한데, 이 두 가지는 속전속결을 도모할 때의 전제 조건이기도 하다.

| 균형을 무너뜨리기 위한 두 가지 조건

분단 공작은 적이 대열을 충분히 정비하기 전에 시행하는 것이 효과적이다. 눈에 띄는 약점을 찾지 못하더라도 괜찮다. 연대를 약하게 만들기만 해도 충분하다. 선봉과 후위의 연대, 상관과 병사의 관계를 틀어지게 하기만 해도 공격하는 측에서는 이익을 얻을 수 있기 때문이다.

그리고 드디어 공격을 개시할 때는 팽팽하게 당긴 활을 놓듯, 흐르는 물을 막았다가 한꺼번에 흘려보내듯 휘몰아쳐야 한다.

강물은 평소에는 바위를 어루만지듯 흐르지만 격류할 때는 바위를 깨부수는 위력을 발휘한다. 이러한 힘을 이용하지 않을 이유가 없다. 병력도 마찬가지로 기세에 맡겨 진격한다면 평소의 10배나 되는 힘을 발휘할 수 있다.

병력이 막상막하일 때도 분단 공작과 기세에 힘입은 공격으로 단번에 균형을 무너뜨려야 한다. 그래야만 일기가성一氣呵成으로 업적을 이룰 수 있다. 이를 성공시키기 위해서는 신속한 진군과 통제가 이루어져 모두의 마음이 하나가 되는 것과 적군의 내부에 생길 틈이 있는 것이 전제 조건이기도 하다.

틈이 없다면 어떻게 해서든 만들어야 한다.

● 방어가 단단한 상대를 깨부수는 일기가성 전술

힘을 축적해서 기세 좋게 공격하면 균형을 무너뜨릴 수 있다!

필승의
기회를 노린다

아군과 적군의 사태만이 아닌 제3의 요소에도 주목하라

知地知天 勝乃可全

지 지 지 천 승 내 가 전

제10 지형편

(해석)

지형의 상황과 천계의 운행에 통달하면 반드시 승리할 수 있다.

승패란 군인에게 항상 따라붙는 것이지만 실전에서는 그렇게 태평한 이야기만 하고 있을 수 없다. 패배는 많은 사상자와 국토의 소실, 게다가 국력의 쇠퇴와 직결되기 때문이다.

군대를 지휘하는 사람은 아군과 적군 쌍방의 현 상황을 정확하게 인식해야 한다. 적군의 약점을 발견했으면 아군의 상태에 만전을 기해야만 승리할 수 있다. 적군의 상태는 최악이고 아군의 상태가 최선이더라도 천지의 이치를 충분히 이해하지 못하면 이길 타이밍을 포착할 수 없다.

| 그 지역의 지형을 자세하게 파악하고 있으면 기회가 보인다

따라서 지휘관은 전쟁터의 여러 가지 조건을 파악한 후에 적군의 상태가 좋지 않고, 아군의 상태가 최선일 때를 선택해서 공격을 개시한다. 그래야 판단에 망설임이 없고 전투 중에 궁지에 몰릴 일도 없다.

아군의 상태가 최선일 때는 군인들의 훈련이 잘 이루어져 사기도 높고, 휴식도 취할 수 있는 상태다. 한편 적군이 최악일 때는 통제가 느슨해져 사기도 낮고 훈련도 소홀해진 상태다. 그럼에도 불구하고 적지에서 벌어지는 전투일 경우에는 지형이 적에게 유리하기 때문에 지리나 기상을 파악해두지 않으면 승리는 장담하기 어렵다.

적군이 진을 치는 곳은 방어에 유리한 곳이 당연하므로 만전이란 있을 수 없다. 그야말로 '천계의 운행' 즉, 사물의 이치고 인간으로서의 한계기도 하다.

● 세 가지 일을 계기로 기회를 잡는다

| 의원 선거 | 필승의 세 가지 요소 |

입후보하고 싶은데 어떤 지역이 좋을까?

...으음

진영을 만들어 협력 태세를 갖춘다

후원회 결성 등

상대편 후보의 인기가 떨어지고 저소득층이 많은 A 지역으로 하자!

상대 후보의 강점과 약점을 통찰한다

정보통과 접촉 등

속닥 속닥

탁!

선거구와 유권자의 생활 패턴과 희망을 파악한다

집회 참가 등

그 지역의 특성을 잘 파악해서
이치에 맞는 전술을 취한다

처음에는 양처럼
이후에는 호랑이처럼

유리한 상황으로 끌어들였다면 단번에 공격한다

故爲兵之事 在於順詳敵之意

고 위 병 지 사 재 어 순 상 적 지 의

제11 구지편

해석

전쟁 수행의 요점은 적의 의도에 맞게 행동하는 척하는 것이다.

손자는 적을 불리한 상황에 빠지게 할 계책을 세워야 한다고 권했다.

| 이미 깨달았을 때는 늦었다! 방심하게 만들면 이길 수 있다

작전의 일환으로 개전해야 할 상황이 되었을 때 국경의 폐쇄나 통행 허가증의 무효화와 같은 조치로 정보 발설을 막아둔 상태에서 선수를 치는 방법도 있다. 허를 찔러서 적군의 방위선에 틈이 생기면 그때부터 신속하게 적진 깊숙이 침공한다. 전략적 요충지로 향하는 것처럼 위장하는 방법이다.

적군은 그곳을 빼앗기지 않으려고 전속력으로 쫓아올 것이다. 마음이 급한 나머지 정찰도 소홀히 하기 때문에 좁고 험한 길 등 진퇴가 어려운 지점에서 가만히 적이 오기만을 기다리면 된다. 그리고 적의 주력군이 다가오면 재빨리 포착해서 격렬한 공격으로 단번에 승리를 내 것으로 만든다. 처음에는 양처럼 온순하게 행동하다가 적이 덫에 걸리면 호랑이처럼 재빨리 덮쳐서 이기는 전략이다.

여기서 중요한 문제는 상대가 그대로 덫에 걸려줄지 말지다. 손자는 상대를 덫에 걸리게 하려면 평소 준비 공작을 해두어야 한다는 점을 기억하라고 말했다. 상대를 방심하게 하기 위해서 이쪽은 싸움에 소극적인 것처럼 위장해야 한다. 상대가 이쪽을 쉽게 볼 때까지 상당한 시간과 노력, 정보 조작이 필요하니 노력 없이는 성공할 수 없다. 이러한 술책을 양동 작전이라고 한다. 현대 사회의 다양한 상황에서 응용·활용할 수 있다.

● 상대가 즐거워할 만한 것을 파악해서 양동 작전을 전개한다

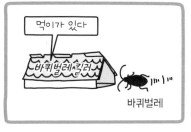

양동 작전

진짜 의도를 모르게 하고 적의 관심을 다른 곳
으로 돌려서 아군에게 유리한 행동을 하도록
만든다

진의를 숨기고 방심하도록 만드는 연기력이 성공의 비결

열세일 때
두뇌를 써라

우위를 놓쳤으면 재빨리 자리를 떠나자

故小敵之堅 大敵之擒也

고 소 적 지 견   대 적 지 금 야

제3 모공편

(해석)

소수 병력인데도 강대한 적에게 도전하면 포로가 되는 게 당연하다.

손자가 말했다. 전쟁터에서는 적의 10배 병력이라면 포위 공성전을 해도 된다. 5배라면 적에게 정면 승부로 덤빈다. 2배라면 적군을 분단시키고, 막상막하라면 죽을힘을 다해 싸우며, 적군보다 병력이 적을 때는 교묘하게 철퇴하고, 병력이 도저히 미치지 못하면 적에게 발견되지 않도록 조심한다. 병력이 적은데도 고집을 피워 싸운다면 포로가 되는 게 당연하다.

110

| 도망이 부끄러울 수 있지만 자포자기는 더 수치스럽다

무릇 지휘관은 적군과 마주치기 전에 아군과 적군의 전력을 정확하게 파악해서 객관적인 분석을 해야 한다. 앞 단락에서 기술한 내용은 그 구체적인 예인데, 여기에서 특히 강조하고 싶은 부분은 수적으로 열세지만 패배를 피할 수 있는 방책이다.

승산이 전혀 서지 않는다면 손해를 최소한으로 줄이면서 귀환하는 방법을 선택해야 한다. 적군에게 발견되는 일을 반드시 피해야 한다. 만일 포착된다면 후위대에 시간을 벌어주면서 교묘하고 신속하게 적의 공격권 내에서 벗어난다. 미리 퇴로를 생각해두는 것도 지휘관의 당연한 임무다.

후퇴 시기를 놓쳤다면 최소한 몸은 숨겨야 한다. 명예가 손상되는 것이 두려워 순절을 감행하는 일은 유치하기 그지없다. 다음을 기약하기 위해서라도 시시한 죽음은 피해야 하고, 목숨을 가장 소중히 여겨야 한다는 말이다.

● 다음 기회까지 망치는 도전은 하지 않는다

후퇴를 성공으로 연결 짓는 포인트

· 시류에 따른다
· 퇴로를 확보한다
· 대피할 수 있는 곳을 파악해둔다
· 자존심을 버린다

· 과거의 성공 체험을 버린다
· 여력을 남겨둔다
· 신속하게 귀환할 준비를 한다

공격해서 전진하기보다는
무사하게 돌아오는 편이 어렵다는 것을 명심한다

손자병법

열세에서도
이기는 전술

적군을 분산시켜서 수적으로 유리한 입장을 만든다

敵雖衆 可使無鬥
적 수 중 가 사 무 두
제6 허실편

(해석)

적군의 병력이 아무리 강대해도 (분산시키면) 전쟁을 하지 못하게 만들 수 있다.

병력이 막상막하여도 그곳이 적지라면 적에게 유리하다. 후퇴가 현명하지만 상황에 따라서는 후퇴하지 말고 싸움을 계속해도 된다. 하지만 그것은 아군의 수와 위치가 적군에게 알려지지 않았을 경우에 해당되는 말이다.

이러한 경우에는 각개격파의 전술이 효과적이다. 위치를 모른다면 적군은 군사를 분산시킬 것이 분명하고, 만약 10개의 부대로 나누면 이쪽은 10배의 병력으로 적군과 맞설 수 있다. 게다가 이 전술은 전체 군사 수가 적군보다 열세일 경우에도 적군의 한 부대를 격파할 병력만 있다면 쓸 수 있어서 편리하다.

| 일격이탈 전술로 상대의 힘을 뺀다

한 부대 한 부대씩 처리해 간다. 적군의 연대가 좋지 않으면 10개 부대를 전부 격파할 수도 있다. 개개의 전투에서는 유리하기 때문에 당연한 결과다.

작전을 성공으로 이끌려면 잘 숨어서 싸우는 전략을 써야 한다. 어디에 있는지 어디에서 공격할지 모르는 불안감이 높아지면 적군도 군사를 분산시킬 것이고 그러면 반드시 틈이 생긴다.

어떤 부대가 가장 약한지 어떤 부대와 어떤 부대의 연대가 나쁜지를 공격하는 쪽은 꼼꼼한 정찰을 통해 파악한 후에 가장 적당해 보이는 부대부터 격파한다. 공격하는 쪽은 결집한 병력으로 싸우기 때문에 막상 전투를 시작하면 적군보다 수가 적더라도 유리하다. 하지만 원군이 오면 복잡해지니 무엇보다 신속한 행동이 우선이다.

● 소수 인원으로 열세를 뒤집는 게릴라전

게릴라 전술을 이용해서 대성공을 거둔 근대 전략가

모택동
일본군의
진군을 방해했다

체 게바라
쿠바 혁명을
성공으로 이끌었다

호치민
베트남 독립을
성공으로 이끌었다

거대한 상대에 맞서더라도
전략과 소수 정예로 형세를 역전할 수 있다

항상 이기는 법칙 따위는
존재하지 않는다

자연계의 법칙을 모르면 승리하는 법도 모른다

日有短長 月有死生
일 유 단 장   월 유 사 생

제6 허실편

해석

해에도 비추는 시간의 길이가 있고, 달에도 차고 기우는 변화가 있다(영원하지 않다).

군대의 형태는 물과 같다. 물은 높은 곳에서 낮은 곳으로 흐른다. 적의 방위가 단단한 곳은 피해서 약한 곳을 습격하면 승리할 수 있다. 지형에 따라 물의 흐름이 정해지듯 군대도 적의 태세에 따라 공격 지점을 정한다.

군대의 형태는 그때그때 상황에 맞춰 변한다.

| 언제나 통용되는 승리의 법칙은 없다

만물은 목木·화火·토土·금金·수水 다섯 가지 요소(오행)로 이루어진다. 목은 토를 이기고, 토는 수를 이기고, 수는 화를 이기고, 화는 금을 이기고, 금은 목을 이긴다. 이것을 오행설이라고 하는 것처럼 이 세상에 항상 이기는 요소는 존재하지 않는다.

춘하추동 사계절도 영원히 지속되지 않고, 일조 시간도 긴 시기와 짧은 시기로 나뉘며, 달에도 차고 기욺이 있다. 군대의 형태도 마찬가지다. 항상 일정할 수 없고, 일정해서도 안 된다.

이러한 이치를 모르는 지휘관은 어쩌다 이길 수는 있어도 중요한 전쟁에서는 반드시 진다. 전쟁은 물과 같아서 어느 하나도 같은 것이 없고 전투 하나하나가 전부 다르다. 그 현실을 무시하고 전에 이긴 방법을 이번에도 똑같이 적용하는 것은 무위무책과 같아서 군대를 사지로 몰아넣을 수 있다. 싸울 때는 한순간도 생각을 멈추면 안 된다.

● 이 세상은 항상 변화하는 구조로 이루어져 있다

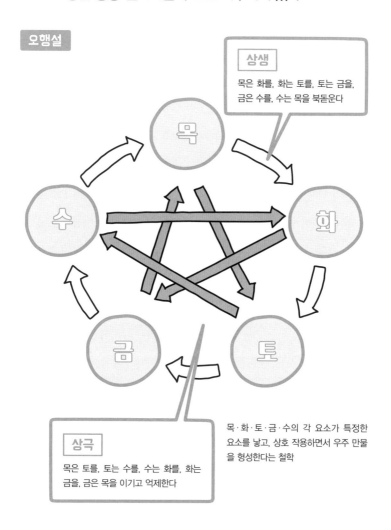

오행설

상생

목은 화를, 화는 토를, 토는 금을, 금은 수를, 수는 목을 북돋운다

목

화

수

금

토

상극

목은 토를, 토는 수를, 수는 화를, 화는 금을, 금은 목을 이기고 억제한다

목·화·토·금·수의 각 요소가 특정한 요소를 낳고, 상호 작용하면서 우주 만물을 형성한다는 철학

전능한 것은 없으니 어느 때나 정세의 통찰이 중요하다

풍림화산의 전술을 구사한다

상황에 따라 무엇이든 할 수 있는 사람은 유리하다

故兵以詐立 以利動 以分合爲變者也
고병이사립 이리동 이분합위변자야
제7 군쟁편

해석

적을 속이는 것을 기본으로, 이익에 따라 행동하고 분산·집합하면서 임기응변으로 대처한다.

승리를 얻기 위해서는 적을 속이면서 아군을 자유자재로 변화시켜 임기응변으로 대처해야 한다.

| 때로는 바람처럼, 때로는 불처럼

그 자유로움을 손자는 '질풍처럼 진격한 줄 알았는데 숲처럼 조용하게 기다리고, 불이 순식간에 번지는 것처럼 기세 좋게 몰아세운 줄 알았는데 산처럼 버티면서 다음 기회를 기다린다'라고 표현하며 무릇 지휘관이라는 사람은 이러한 '풍림화산'의 전술을 구사해야 한다고 말했다. 일본의 전국 시대戰國時代에 다이묘였던 다케다 신겐武田信玄(1521~1573)이 이 전법을 사용한 것은 유명하다.

권모술수를 구사하는 것도 필요하고, 적군을 거짓 방향으로 유인하기 위해 부대를 나누고, 점령지를 확대할 때도 부대를 나누며, 요충지 방위에도 군사를 나눈다. 이러한 전술을 전개할 때 아군의 의도를 적군이 눈치채지 못하게 하는 것이 최전선의 지휘관에게 맡겨진 가장 어려운 임무기도 하다.

적군이 공격 목표를 오인하게 하는 것도 효과적인 전술이다. 적군이 군대를 이끌고 거짓된 공격 목표를 향해 이동하면 군대를 나눠서 일부만 그쪽으로 보내도 승리를 얻을 수 있다.

적군이 엉뚱한 곳에 정신이 팔려 있을 때 군대를 다시 집결해서 가능하면 적군의 주력 부대를, 그렇지 않으면 적군의 허술한 부분부터 친다. 적군의 수가 많을 때는 각개격파가 효과적인 전술이다.

● 풍림화산의 전술 응용

풍	신속한 대응, 앞지르기, 단기 결정 등
림	상황을 지켜본다, 사태를 관조한다, 힘을 축적한다 등
화	정보 수집, 캠페인 전개, 영역 확대 등
산	방위 태세를 공고히 다진다, 동요를 숨긴다, 장기적으로 대응한다 등

영업부

시장의 동향을 봐서 철강 부분에서는 '풍'으로 가야겠다

에너지 부분에서는 '산'으로 가야겠다

으음

그렇군

다케다 부장의 통찰력은 신뢰할 수 있지

유동적인 상황에서는 그때 상황의 변화에 맞춰 대응한다

이기기 위해
알아둘 원칙

다섯 가지 이치를 고찰해서 승패를 통찰한다

善用兵者 修道而保法
선용병자 수도이보법
제4 군형편

전투 지휘에 뛰어난 사람은 승패의 이치를 통찰해서 원칙을 충실하
게 지킨다.

전략가는 다섯 가지 사고 단계를 거쳐 승리를 확실한 것으로 만
든다. 다섯 가지 사고 단계는 전쟁터까지의 거리를 파악하는 '도度',
전쟁터에서 필요한 자원을 계산하는 '양量', 전쟁터에 동원할 군사
의 수를 산출하는 '수數', 적과의 전력 차이를 비교하는 '칭稱', 승부
를 예측하는 '승勝'으로 이루어진다. 늘 이기는 지휘관은 이러한 다
섯 단계의 사고를 거쳐서 승리를 확신한 후에 전쟁에 임하는데, 이
러한 사고 단계가 불가능한 지휘관은 반드시 패배한다.

| 준비할 때는 다섯 가지 포인트를 확인해두자

'도'란 전쟁 예정지까지의 거리, 요충지와 요충지를 연결하는 최단 거리, 우회로를 선택했을 경우의 거리 등을 사전에 계측하는 작업을 말한다. 거리를 알면 보급 물자 운반에 걸리는 일수와 그것을 견인하는 마소의 사료를 예측하는 '양'이 가능해진다.

도와 양이 산출되면 작전 가능한 군사의 수와 날짜를 계산할 수 있게 되고, 도와 양이 파악되면 적군과 아군의 전력 차를 객관적으로 비교할 수 있게 되어 전쟁을 유리하게 이끄는 방책과 승리로 향하는 방법도 자연스럽게 결정된다.

즉, 리더에게는 개인의 노력에 기대지 않고 앞에서 언급한 다섯 가지 사고 단계를 통해 미리 승패를 통찰하는 힘이 요구된다. 불리한 조건에서도 만회 가능하다고 보이면 전쟁을 시작하고, 그렇지 않으면 피하는 등 아군의 손실을 최소한으로 줄이는 방책을 모색한다. 그것이 리더의 역할이다.

● 이길 수 있는 예측 '다섯 가지의 사고 단계'

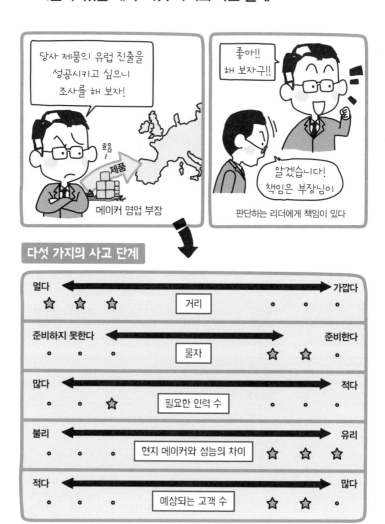

시장의 니즈, 자타의 실력을 확실히 파악해서 분석한다

패배의 원인은
지휘관의 과실에 있다

자진해서 패배의 길을 걷는 일이 없도록 한다

非天之災 將之過也

비 천 지 재 　 장 지 과 야

제10 지형편

해석

하늘이 내린 재앙이 아닌 지휘관의 과실이다.

　손자는 패배의 여섯 가지 패턴을 열거한다. 분산되기 쉬운 군대, 규율뿐인 군대, 사기가 떨어진 군대, 붕괴하기 시작한 군대, 통제가 어려운 군대, 이길 작전이 없는 군대다.

　분산되기 쉬운 군대란 수적으로 훨씬 많은 적군에 정면 승부로 도전하는 군대를 말하는데 이러한 군대는 대패해서 사방으로 흩어지는 일을 피할 수 없다. 이와 같은 패턴에 빠져서 패배했을 경우는 단순한 재난이 아니라 지휘관의 과실이라고 손자는 말한다.

| 투지가 강하다고 좋은 것도 아니다

장군이나 군사 등 전쟁을 감독할 지휘관이 소극적이라면 규율만 강조하고, 반대로 너무 엄격하면 사기가 떨어진다. 둘 다 패배를 피할 수 없다. 지휘관이 하사관의 독단전행을 허용하면 승리를 예측하기 어렵고, 지휘관의 명령이 제대로 말단까지 전달되지 않는 군대도 마찬가지로 패배라는 운명을 따라간다. 적군의 실력을 정찰하지 않고 적은 병력으로 거대한 적에 도전하는 지휘관, 불리한 조건에서 유리한 조건의 적을 공격하려는 지휘관, 선봉이 될 우수한 군사를 갖지 못한 지휘관도 패배를 피할 수 없다.

승패는 운에 달렸다고 할 정도로 현실의 전쟁터는 한가하지 않다. 승패는 무엇보다 지휘관의 자질에 달려 있다.

기세가 너무 강해도, 너무 소극적이어도 안 된다. 적정선을 잘 판단해서 당근과 채찍을 적절하게 사용하는 사람만이 승리를 보장하는 리더가 될 수 있다. 그것이 손자의 가르침이다.

● 패배를 부르는 여섯 가지 패턴

결국 질 게 뻔한 패배의 패턴을 발견했다면 대책을 강구하자

손빈과 그 시대

춘추전국 시대를 춘추와 전국으로 나눌 때는 현재 산시성을 판도로 삼았던 진나라가 위나라, 한나라, 조나라 삼국으로 분열한 기점을 기원으로 한다.

전국 시대 중반 이후 서쪽의 진나라와 동쪽의 제나라가 힘을 길러 각각의 왕이 서제와 동제라고 칭하던 시기도 있었다. 일반적으로 전국 칠웅이라고 칭해지던 7개 나라 중에서 천하를 통일한다면 서제와 동제 중 하나일 게 분명하다고 생각했는데, 그 시기의 전쟁은 춘추 시대와는 전혀 달랐다. 기병을 실전에 투입하고 공성전과 장기 지구전까지 더한 형태로 변한 것이다. 새로운 양상의 전쟁이기 때문에 그에 적합한 입문서가 필요해졌다. 그러한 시대의 요구에 부응하기 위해 나타난 사람이 손빈이다. 손빈도 병법서를 저술하였는데, 이를 손무가 쓴 『오나라 손자병법』과 구별하기 위해 『제나라 손자병법』(손빈병법)이라고 부른다.

기마 전술을 본격적으로 도입한 나라는 조나라고 그 효용을 보고 다른 6개 나라도 바로 전술을 모방했다. 당시 기병은 정찰과 전령, 정면 돌격에만 유리했는데 기병이 전차를 완전히 대신하면서 더욱 효과적인 사용법이 모색되었다.

수많은 병법가가 지혜를 짜냈지만 그중 특히 뛰어난 사람이 제나라의 군사 손빈이었다. 손빈은 날카로운 통찰력을 지녔고, 그러한 그의 탐구심이 공성전과 장기 지구전에도 깊은 영향을 미친 것이다.

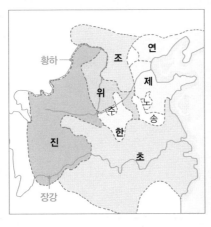

전국 시대의 칠웅
(기원전 403~221년)

4장

최전선에서
시행하는 전략

군주의 명령보다
국가의 이익을 최우선으로

현장에서 지시를 기다리기보다 임기응변으로 판단하라

故進不求名 退不避罪
고 진 불 구 명 퇴 불 피 죄
제10 지형편

(해석)

명예를 위해서 싸우지 말고, 퇴각했다면 책임을 진다.

전쟁에서 지휘관은 적군의 실정을 최우선으로, 지형을 두 번째로 고려해 작전을 고안해야 한다. 그러한 방법을 숙지하고 있는 사람은 반드시 이기고 그렇지 않은 사람은 반드시 진다.

| 한 사람의 두려움과 명예욕으로 큰 손실이 발생하기도 한다

신하가 군주의 명령에 따르는 것은 당연한 일이지만 출정 중인 지휘관에게는 꼭 그렇지만은 않다. 현장을 보면서 승산을 판단해서 상황에 따라서는 군주의 명령을 거역해도 된다. 전쟁터에서 멀리 떨어진 후방에 위치한 군주에게 현장의 상황이 전달될 때까지는 시간차가 있고, 현장 상황은 시시각각 변한다. 군주의 자질이 어떤지에 따라 오판을 내릴 가능성도 있고, 실전 경험이 없는 군주가 적확한 판단을 내릴 리도 없다. 따라서 전선의 지휘를 맡은 지휘관은 군주의 명령보다 자신의 판단을 우선해야 한다.

군주의 명령을 거역하고 개전하는 것은 자신의 공명심을 위해서가 아니고, 군주의 명령에 거역해서 후퇴하는 것도 자신의 목숨이 아까워서가 아니다. 국가와 군주의 이익을 최우선으로 생각하기 때문이다. 누가 보더라도 분명한 승리의 기회를 놓치면 사기의 저하로 이어지고, 군사를 가치 없는 죽음으로 내몰면 인심을 배반하는 것이므로 둘 다 국가와 군주의 이익에 크게 손상을 입힌다.

그러한 상황을 피하기 위해서라도 지휘관은 모든 책임을 자신이 질 각오를 해야 한다.

즉, 자신의 관할 밖에서 일어나는 일이더라도 악행이나 위험을 그냥 지나치지 말고 현장의 상황을 보고 내린 판단으로 적절하게 행동하라는 의미에서 전쟁뿐 아니라 현대 사회에도 응용할 수 있는 사고방식이다.

● 큰 이익을 위한 헌신적인 행동

현장에서는 큰 책임감을 가지고 자신의 판단으로 행동한다

손자병법

마음을 안정시킨다

현장에서 경계해야 하는 다섯 가지 마음

故將有五危
고 장 유 오 위
제8 구변편

해석

장군에게는 다섯 가지의 위험이 따라다닌다.

지휘관이 전선에 나오면 다섯 가지의 위기가 따라다닌다.

만용으로는 살해되고, 살아남길 바란 나머지 겁쟁이가 되면 포로가 되고, 성격이 급하면 계략에 빠지고, 명예를 지나치게 중요시해도 같은 처지가 되고, 정이 너무 많으면 번민이 깊어진다.

이와 같은 다섯 가지 위기 전부가 군대에 위협을 준다. 군대의 파멸, 지휘관의 패배·죽음의 원인은 반드시 이 중 하나에 의해서 벌어진다. 어떤 일이든 균형이 중요하다. 균형을 잃으면 반드시 어긋나는 일이 생겨 실패로 연결된다는 것이 손자의 가르침이다.

| 머릿속에 항상 저울을 그리면서 감정을 억제한다

바꿔 말하면 현장의 최전선에 선 사람은 모순된 성격을 가지고 있어야 한다는 의미다. 결사의 각오로 앞날을 헤아려 깊게 생각해야 하고, 한편으로는 인내하며 물러날 때를 잘 파악해야 한다. 투쟁심과 침착하고 냉정한 판단력, 사심이 없는 마음과 교활함, 자애로운 마음과 비정함을 지녀야 한다. 이러한 상반되는 성격을 조화시키면서 임기응변으로 대처하지 못하면 규율을 지키기도, 전쟁에서 승리할 수도 없다.

명예를 너무 중요하게 생각한 나머지 치욕을 견디지 못해서 적의 도발에 놀아나는 것은 어리석음의 극치고, 머리에 피가 거꾸로 솟아 분별없는 상태에서 출전하면 어처구니없는 죽음을 맞이하는 게 당연하다. 주저하면서 결단을 빨리 내리지 못하는 사람도 전환할 기회를 놓쳐 패배를 피할 수 없다.

리더에게는 항상 머릿속에 저울을 떠올리면서 어느 쪽에 무게중심을 둘지 통찰하는 능력이 필요하다.

● 다섯 가지 마음과 균형을 잡는 방법

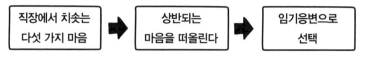

```
직장에서 치솟는     →    상반되는     →    임기응변으로
  다섯 가지 마음          마음을 떠올린다          선택
```

만용
결사의 각오 — 앞날을 헤아려 깊게 생각한다

두려움
인내 — 물러날 때를 파악한다

급한 성격
투쟁심 — 침착하고 냉정하게 판단한다

명예욕
사심 없는 마음 — 교활함

깊은 인정
자애 — 비정

성격에 휘둘리지 말고 여러 가지 판단으로 행동을 조화시킨다

가능하면
현지에서 조달하라

아군의 후방 지원에만 의지하면 큰 고민거리를 안게 된다

故智將務食於敵
고 지 장 무 식 어 적

제2 작전편

(해석)

지혜로운 장군은 가능하면 현지 조달로 보급을 해결한다.

어떤 시대의 전쟁이든 보급은 고민스러운 문제다. 손자의 시대에도 군사와 말의 물, 군량, 여물, 무기 등이 필요했다. 이 모든 물자를 본국에서 운반하기에는 인력도 많이 필요하고 시간도 오래 걸린다. 적의 유격 부대나 도적에게 습격당할 위험까지 고려하면 호위에도 다수의 병력을 사용해야 하니 효율성이 너무 떨어진다.

그밖에도 본국에서 보급품을 운반할 때는 여러 문제가 생긴다. 전선에 물자를 보급하는 일을 최우선으로 하면 본국의 물자가 부족해져서 물가가 폭등한다. 물자의 가격이 오르면 국고에도 큰 영

향을 미치고, 만약 전쟁이 장기전으로 돌입하기라도 하면 국고가 고갈될 위험까지 있다. 그 여파는 세금 징수의 강화라는 형태로 모든 백성을 곤궁한 상태에 빠뜨린다.

| 현명한 보급으로 가볍게 움직여라

이와 같은 악순환을 피하기 위해 손자는 현지 조달의 원칙을 내놓았다. 바로 전쟁 비용은 본국에서 조달하지만 물자는 점령지에서 구한다는 원칙이다. 적이 창고나 논밭을 불태워버리는 초토화 전술로 나오면 어쩔 수 없지만 다행히 손자의 시대에는 그렇게까지 비정한 방법을 쓰는 사람이 없었다. 그래서 흉작이 아닌 이상 물자를 점령지에서 조달할 수 있었다.

그러나 현지 조달이 어떤 시대, 어떤 장소에서나 유효한 건 아니다. 제2차 세계대전 말기인 1944년에 일본군이 인도의 임팔을 공략하였으나 영국과 인도 연합군에 대패한 임팔 전투는 그 좋은 예다. 보급을 무시한 작전을 강행해서 대패하였다. 현지 조달의 한계도 중요한 사안으로 기억해두어야 한다.

1
3
9

● 자동차 메이커의 해외 진출과 현지 조달

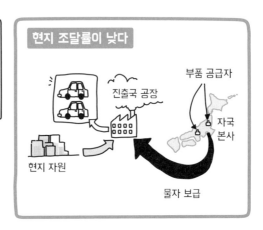

해외 생산으로 고객을 확대하고 경비 절감을 더 적극적으로 진행하고 싶다

회사 임원

현지 조달률이 낮다

진출국 공장

현지 자원

부품 공급자

자국 본사

물자 보급

공급자에게도 해외 진출을 권해 보자

현지 조달률을 높인다

부품 공급자 (현지)

현지 자원

본국에서 물자를 보급할 때의 단점

- 물자의 관리 시간 & 비용
- 운반 시간 & 비용
- 도난·분실의 위험
- 본국의 물자 유출 등

가능하면 현지 조달을 실현해서 경쟁력을 향상한다

포상은
인심 좋고 신속하게

자신의 기쁨이 모두의 기쁨이 되도록

勝敵而益强

승 적 이 익 강

제2 작전편

해석

적을 이길 때마다 아군의 전력이 증가한다.

평소 시행하는 훈련과 실전의 상황은 다르다. 훈련할 때는 의식주가 보장되지만 전쟁터에서는 그렇지 않다. 군량과 여물은 가능하면 현지에서 조달해야 한다. 군량과 여물을 적의 저장고에서 강탈할 수도 있지만 이때 일정한 질서가 필요하다.

물자 약탈은 물욕 때문에 발생한다. 원하는 대로 그냥 두면 서로 쟁탈하다가 아군끼리 싸움이 생길 수도 있다. 그러한 우려를 피하려면 미리 규칙을 정해두어야 한다.

| 활약하는 사람을 계속 늘리는 포상의 효과

손자는 그러한 예로 전차 10대 이상을 포획했을 때는 모든 공적을 처음 포획한 사람의 것으로 돌리고, 포상을 수여한 사람이 속한 부대에 배속시키라고 했다. 그리고 그 부대의 군인 모두에게 특별한 음식을 제공해서 치하하고 위로하는 방법을 제시했다. 그렇게 하면 승전을 거듭할 때마다 아군의 전력도 증가한다.

반대로 지휘관이 해서는 안 될 행동은 약탈품을 독차지하는 일이다. 그리고 공적을 세운 사람에게 새 발의 피 정도로 포상하면 오히려 군의 사기가 떨어진다.

포상을 하사하는 시기를 귀환 후로 미루는 것도 좋지 않다. 이전의 공적이 어느 정도로 포상할 가치가 있었는지 모르면 사기가 저하되는 일을 피할 수 없기 때문이다.

부하가 활약했다면 리더는 신속하게 포상을 지급해서 군 전체의 사기 향상으로 연결하면 좋다.

● 포상을 활용하면 전력을 끌어올리는 것으로 연결된다

아군의 공적은 쟁탈하거나 몰수하지 말고
군 전체의 전력 향상으로 연결시킨다

적을
생각대로 움직여라

주도권을 가지고 있다면 유리하게 전개할 수 있다

故善戰者 致人而不致於人
고선전자 치인이불치어인

제6 허실편

해석

잘 싸우는 사람은 상대를 생각대로 움직이고, 자신은 상대의 마음
대로 움직이지 않는다.

병력이 막상막하하여도 지휘관의 지휘에 따라 누가 우위에 서는
지 갈린다. 예를 들면 먼저 전쟁터에 도착해서 잠복하는 군대는 유
리하지만 이후에 도착하자마자 바로 전쟁에 임해야 하는 군대는
피로가 누적되어 불리하다. 따라서 전략가는 어떤 계책을 세우든
아군이 전쟁 예정지나 전략상 요충지에 먼저 도착할 수 있도록 해
야 한다.

| 공격이든 수비든 상대의 상황을 알면 앞지를 수 있다

적군을 유리한 장소로 유인할 때는 그들이 이익을 얻게 될 것이라고 유도한다. 적군이 오지 않길 바랄 때는 그 장소에 관한 나쁜 정보를 흘린다.

적군이 자리를 잡고, 뛰어난 기량을 기를 때는 양동 작전을 펼쳐서 이리저리 휘둘리다 지치게 만든다.

천 리나 되는 먼 곳으로 원정을 가더라도 적의 경계망에 걸리지 않으면 위험을 피할 수 있다. 적의 수비가 허술한 곳을 공격하면 쉽게 점령할 수 있다. 요새를 선택해서 수비하면 적은 경계하면서도 쉽게 공격하지 못한다.

이러한 통찰은 중요하다. 뛰어난 계책으로 공격하면 상대는 어떻게 수비하면 좋을지 모르고, 수비를 잘하면 상대는 어떻게 공격하면 좋을지 모른다. 상대를 그러한 상태에 빠뜨리기 위해서는 항상 상대의 상황과 전망을 미리 읽어 주도권을 잡아서 승패를 움켜쥐는 주재자가 되어야 한다.

● 복싱 선수가 주도권을 잡는 기술

잽

상대의 얼굴이나 몸을 연속적으로
가볍게 치는 공격

잽으로 상대의 진행을 막는다

자신에게 유리한 거리에서 싸운다

잽으로 상대를 자신에게
유리한 자세로 유도한다

잽을 잘하는 선수는
시합의 주도권을 잡는다

상대는 왼쪽 잽을 피해서 앞으로 나올 테니
거기를 오른쪽 펀치로 겨냥한다

싸움을 유리한 방향으로 이끌기 위해서는
주도권을 잡을 수 있는 기술을 연마한다

손자병법

근심을
장점으로 바꿔라

상대의 유리한 점을 이용할 수 있다

以迂爲直 以患爲利

이 우 위 직   이 환 위 리

제7 군쟁편

$\boxed{\text{해석}}$

우회로를 지름길로 바꾸고, 근심을 장점으로 역전시킨다.

　『손자병법』에는 '군쟁'이라는 말이 나온다. 전쟁터에 적보다 먼저 도착해서 유리한 태세를 쟁탈하는 행위를 의미한다. 이는 당시 전쟁이 기본적으로 시야가 확 트인 벌판에서 이루어졌기 때문이다. 약정을 교환하지 않아도 자연스럽게 격돌할 장소가 정해졌다. 그렇지만 거기에도 고저의 차이가 있어서 어느 쪽이 유리한 지형에 진을 칠지가 승패를 결정하는 큰 요인이 되었다.

| 공격하게 두면서 상대의 태세 변화를 기다린다

예상한 전쟁터에서는 거리가 가까운 쪽이 유리하다. 그렇다면 먼 쪽의 군대는 어떻게 하면 좋을까? 그 대책으로 손자가 내놓은 것이 '이우위직以迂爲直(우회해서 도리어 앞장선다)'이라는 계책이다.

이 방법은 매우 어려워서 도박으로 불리는 작전이었다. 본래 목적지와 완전히 다른 요충지로 향하는 것처럼 위장해서 적군의 행로를 바꾼다. 바뀐 적군의 행로를 확인한 후 아군을 원래 목적지로 전환시킨다. 이를 알게 된 적군은 서둘러 군대의 방향을 다시 돌려 급하게 전쟁터로 달려올 것이다. 그때를 기다렸다가 적을 섬멸하는 작전이다.

이 작전은 실행하기에 난도가 높은데다 적의 눈을 속이기 위해서는 아군의 희생도 상당수 필요하다. 실패하면 헛되게 병력을 잃을 뿐 아니라 세상의 웃음거리가 되는 일도 불을 보듯 뻔하다. 그만큼 상당한 기술이 없으면 실행하기 어려운 작전이기도 하다.

● 불리한 태세여도 이길 수 있다

되치기
씨름판 경계로 끌려갔을 때 몸을 뒤틀어
상대를 씨름판 밖으로 던진다

허벅다리 비껴되치기
상대에게 허벅다리를 걸게 해놓고 순간적
으로 반격한다

형세를 역전하는 기술이 늘면 상대가 이길 거라고 믿게 해서
방심하게 한 후에 틈을 노려 공격할 수 있다

불리할 때는 정면으로 승부를 보지 말고
타이밍을 노려서 역전시킨다

형태가 없는 것이야말로
가장 강한 진형이다

승리의 방정식은 하나가 아니다. 같은 방법을 반복하지 않는다

故其戰勝不復 而應形於無窮
고기전승불복 이응형어무궁
제6 허실편

해석

승리의 형태는 하나도 같지 않으니 적의 태세에 따라 대처를 달리 한다.

손자가 말하는 '형태'란 태세를 말한다. 즉, 작전의 의도를 가시화한 동향이다. 그리고 손자는 무형이야말로 최강의 진형이라고 주장했다. 작전을 행동으로 옮기기 직전에 형태를 갖추는 것이 좋다는 의미다.

┃속을 알 수 없는 상대와 싸우는 것만큼 두려운 일도 없다

적의 밀정이 잠입해도 무형이면 작전의 의도도 구체적인 행동

도 예측할 수 없다. 잠입한 사람이 뛰어난 수완가여도 무형이면 아무것도 얻을 수 없고 어떻게 대처하면 좋을지 갈피를 잡지 못한다. 공격한다면 어디를 중점적으로 타격하면 좋을지, 수비에 집중한다면 어디에 어떻게 힘을 쏟으면 될지 알 수 없게 된다.

내부에 잠입한 사람도 모르기 때문에 외부에서 정찰하는 사람은 더 모를 것이고, 더더욱 형태를 파악할 수 없다. 그러면 승패가 결정된 시점의 형태는 인식하더라도 거기에 이르는 과정은 유추하지 못한다. 미리 어떤 포석을 깔았는지, 어떤 작전을 실시했는지는 물론이고 패배의 원인이 어디에 있는지조차 알 수 없다.

그러나 같은 방법을 몇 번이나 반복하면 언젠가는 들통난다. 그러한 상황을 피하기 위해서라도 같은 형태를 자꾸 반복해서는 안 된다. 상대가 알아도 되는 것은 자신들이 패배할 위기에 처했다는 사실뿐이다. 그밖에는 아무것도 알릴 필요가 없다. 알려지지 않는 편이 유리하다. 인간은 알 수 없는 대상에 대해서는 더 공포심을 가지는 생명체기 때문이다.

● 상대에게 속을 다 보여서는 안 된다

검도의 자세

상단 자세　중단 자세　하단 자세　팔상 자세

어떤 자세라도 일장일단이 있고,
검술가는 그 자세의 단점을 찔러서 공격한다

그때
**자세를 잡았지만
자세가 없는 듯**

「오륜서」

자세를 잡으면서도 자세에 구애받지 말고
상황의 변화에 따라서 자세를 바꾼다.
아무튼 상대를 베면 된다

에도 시대의 검술가
미야모토 무사시

상대에게 기술을 감추기 위해서 형태를 고집하지 않는다

현장에서는
구변九變을 기억하라

피할 수 있는 위험은 피하고, 가능하면 낭비를 없앤다

將不通於九變之利 雖知地形 不能得地之利矣
장 부 통 어 구 변 지 리 수 지 지 형 부 능 득 지 지 리 의

제8 구변편

(해석)

장군이면서 아홉 가지 변화에 통달하지 않으면 지형의 이득을 얻지 못한다.

손자는 군대 운용에 관해 지휘관이 파악하고 있어야 할 아홉 가지 대처법에 대해 말했다.

| 현장에는 다양한 위험과 이익이 숨어 있다

진군할 때 기반이 약한 곳에서는 숙영하지 말고, 교통의 요충지에서는 근처 제후와 친교를 맺고, 적의 영지 깊숙한 곳에서는 길게 머물지 말고, 입구가 하나만 있는 곳에서는 언제든지 탈출할 수 있

도록 준비하고, 사방이 적으로 둘러싸였다면 죽을 각오로 싸우라고 말이다.

당연하게도 기반이 약한 땅에서는 적의 습격을 받아도 제대로 응전하지 못한다. 교통의 요충지에 뻗어 있는 길은 근처 제국들과 연결되어 있어서 외교적으로 적국을 고립시키는 데 필요한 전제 조건이다. 적이 더 능숙한 적군의 영지에서는 위험을 피해서 오래 머물지 말고, 한쪽에만 입구가 있는 곳에서는 양쪽 끝을 사수하면 최악의 사태는 피할 수 있다. 완전히 포위당하면 이미 방법이 없으니 아군의 용맹함에 기대할 수밖에 없다는 뜻이다.

이상의 다섯 가지에 더해서 길 중에 절대 이용해서는 안 되는 곳, 적군 중에 절대 공격해서는 안 되는 부대, 성에서 공략해서는 안 되는 부분, 영토 중에서 절대로 쟁탈해서는 안 되는 땅이 있다.

이 내용은 전후 군대가 분단되기 쉬운 험한 곳은 피해서 가라는 뜻이다. 사기가 높은 부대와는 정공법이 아닌 다른 계책을 사용하라는 의미다. 전략적으로 가치가 없는 성을 공략할 필요는 없다. 물도 식량도 얻을 수 없는 불모지는 점령할 가치가 없기 때문이다.

● 다양한 장소와 그 장소에서의 대처법

구변을 알면 낯선 곳에서도 안전하게
그 지역의 이익을 얻을 수 있다

속임수를 간파하라

여러 가지 징후를 통해 상대의 의도와 사정을 알아낸다

鳥起者 伏也

조 기 자 복 야

제9 행군편

해석

풀숲에서 새가 날아오르면 복병이 숨어 있다.

손자는 전쟁터에서 생길 수 있는 주의해야 할 이변에 대해서도
말했다.

| 현장에서는 어떤 작은 일이라도 이변을 놓치지 마라

적군이 숲속으로 진격해올 때는 나무들이 흔들려 수런거린다.
복병이 있는 것처럼 위장할 때는 여기저기에 풀을 덮어 감춘다. 정
말로 복병이 흩어져 있으면 풀숲에서 새가 날아오른다. 기습할 생
각으로 숲속에 숨어 있으면 동물이 놀라서 달아나기 때문이다.

전차 부대가 돌격해올 때는 모래 먼지가 높게 날린다. 보병 부대가 진격해올 때는 모래 먼지가 낮게 날리면서 퍼진다. 잡역군이 땔감을 모을 때는 모래 먼지가 여기저기로 분산된다. 진영을 만드는 작업을 할 때는 모래 먼지의 양은 적은데 사람의 왕래가 잦아진다.

적군 사신의 말이 겸손하면서 방위가 강화된 것은 진격의 준비를 하고 있기 때문이다. 말이 세지고 군의 공격 자세를 보이는 것은 후퇴 준비를 하고 있는 것이다.

상대를 방심하게 만들고 싶을 때는 절박한 상황이 아니어도 화친을 간청한다. 전투를 결의했을 때는 전령이 분주하게 뛰어다니면서 각 부대를 정렬시킨다. 상대를 유인하고 싶을 때는 어중간한 공격을 건다.

이기기 위해서는 여러 가지 징후를 통해 상대의 의도와 실정을 알아내는 능력이 요구된다.

● 이변에 주목하여 상대의 비밀을 간파한다

전쟁터(숲속)의 이변

· 많은 나무가 흔들린다 ⟹ 적군의 진격

· 풀숲에서 새가 날아오른다 ⟹ 복병의 존재

· 동물이 도망친다 ⟹ 적군의 기습

적 상태의 이변

· 절박하지 않은데도 휴전을 요구한다 ⟹ 모략을 세우고 있다

· 사신이 저자세인데 군은 작전 준비를 하고 있다 ⟹ 진격한다

· 사신의 태도가 강경하고 군도 공격 태세를 갖추고 있다 ⟹ 퇴각의 의도 등

여러 이변을 통해 적의 목적을 알아차리면서 신중하게 싸운다

거래처와 비즈니스 교섭에 응용

· 지급 방법의 재검토를 요구한다 ⟹ 도산한다

· 담당자가 자주 바뀐다 ⟹ 회사가 불안정하다

· 태도가 갑자기 정중해진다 ⟹ 큰 방침의 전환 등

교섭을 할 때는 사소한 이변을 놓치면 안 된다

군인의 건강에
신경 쓰라

병에 걸리면 원래 가진 힘을 발휘하지 못한 채로 진다

貴陽而賤陰 養生而處實
귀 양 이 천 음   양 생 이 처 실

제9 행군편

해석

그늘진 축축한 장소를 피하고, 볕이 잘 드는 장소에서 물과 나무에
둘러싸여 양생한다.

주둔지를 고를 때는 저지대를 피해서 고지대를 선택하고, 볕이
잘 드는 남쪽에 맞닿은 장소를 최상으로 여기고, 그늘이 진 북쪽에
맞닿은 장소를 최악으로 생각해야 한다. 군사의 위생 상태에 신경
쓰면서 물과 나무가 풍성한 지역을 점유해야 한다. 이를 '필승의
주둔법'이라고 부른다.

| 양지와 물은 승리를 도우니 오염되지 않은 것을 선택한다

더욱 경계해야 할 것은 역병이다. 낯선 땅, 물이 맞지 않는 땅에서는 가만히 있어도 건강을 유지하기 어렵다. 가혹한 행군으로 힘을 잃으면 체력은 더 무너진다. 그래서는 습격을 당해도 제대로 반격하지 못하기 때문에 군인들의 건강 관리는 평소에 세심하게 신경을 쓸 필요가 있다.

구릉이나 제방에서는 양지에 진을 쳐서 적군이 오른쪽 후방에서 오도록 한다. 그것이 지형을 살리는 가장 좋은 포진이고, 군사상의 이익과 직결하기 때문이다.

주둔지 선택을 경시하면 반드시 크게 당한다. 볕이 들지 않는 장소는 습기가 많아서 그것만으로도 군인들의 건강에 악영향을 끼친다. 그러한 장소에서는 수질이 좋을 리 없고 만약 물을 끓인다고 해도 볕이 잘 드는 곳의 수질과 큰 차이가 있다.

그렇지 않아도 타향의 물은 몸에 맞지 않은데, 하물며 수질이 절대적으로 나쁘면 체력이 한층 더 나빠진다.

설사나 복통이 계속되고 권태감도 극복하지 못해서는 몸에 기운이 있을 리 없고, 건강할 때는 쉽게 이길 수 있는 상대에게도 낭패를 볼 수 있다.

● 건강을 유지해서 체력의 저하를 막는다

스포츠 팀의 해외 원정

해를 소중하게 생각하기

- 밤에는 푹 잔다
- 볕을 쬐면서 심신의 기운을 회복시킨다 등

위생 관리

- 안전한 물을 충분히 확보해서 물갈이나 탈수증을 방지한다
- 수돗물 사용을 제한한다(식재료나 칼 등을 미네랄워터로 씻는 등)
- 날것의 섭취를 억제해서 식중독을 예방한다 등

지역의 좋은 점을 활용

- 해가 잘 드는 장소를 산책한다
- 현지의 신선하고 안전한 음식을 섭취한다 등

몸을 관리해서 건강을 유지해야만 힘을 발휘할 수 있다

『손자병법』의 편자는 조조일까?

현존하는 『손자병법』은 13편으로 구성되어 있는데, 이 책이 오나라의 왕 합려가 읽던 책과 같을까? 후한 시대의 역사서 『한서』에는 『오나라 손자병법』이 82권·그림 9권으로 구성되어 있다고 기록되어 있다. 만약 그 기록이 정확하다면 합려가 읽은 것이 13편이고, 『손자병법』이 현재의 형태로 완성된 시점은 후세일 가능성도 생긴다.

한편 『삼국지』에 등장하는 위나라의 왕 조조가 『손자병법』을 편찬했다는 주장도 주목을 받고 있다. 역사서 『삼국지』에 '조조가 손무의 병법 13편에 주석을 달았다'라고 적혀 있기 때문이다. 하지만 '주석을 달았다'라고만 써 있기 때문에 이미 존재하는 『손자병법』13편에 주석을 달기만 했을 뿐이고 『손자병법』13편은 이미 이전부터 존재했을 가능성도 있다.

만약 본문을 간결하게 만들어 자신만의 해석을 덧붙여 주석을 달았다면 조조야말로 현존하는 『손자병법』의 편자다. 어느 쪽이 진실일까?

편명		내용
제1	시계편	전쟁을 결단하기 전에 생각해야 할 것
제2	작전편	전쟁 준비 계획에 대해서
제3	모공편	전투 없이 승리하는 방법에 대해서
제4	군형편	공수 각각의 태세에 대해서
제5	병세편	군형편의 속편. 군대의 기세에 대해서
제6	허실편	어떻게 주도권을 잡을지에 대해서
제7	군쟁편	적의 기선을 어떻게 제압할지에 대해서
제8	구변편	임기응변으로 싸우기 위한 아홉 가지 방법에 대해서
제9	행군편	진군할 때의 주의 사항에 대해서
제10	지형편	지형에 맞춰 전쟁하는 방법에 대해서
제11	구지편	아홉 가지 종류의 지형과 거기에 맞는 대처법에 대해서
제12	화공편	불로 공격하는 계획에 대해서
제13	용간편	스파이의 활용에 대해서

5장

필승의
계책을 택한다

지형을 분석하라

리더는 아홉 가지 종류의 지형을 알고 있어야 한다

夫地形者 兵之助也

부지형자 병지조야

제10 지형편

해석

전투 현장의 지형은 군사의 보조 수단이다.

손자는 지형은 군사의 보조 수단이고, 용병의 방법에는 산지散地, 경지輕地, 중지重地, 쟁지爭地, 교지交地, 구지衢地, 비지圮地, 위지圍地, 사지死地라는 아홉 가지 종류가 있다고 말했다.

| 현장을 구석구석 철저하게 분석한다

산지란 제후가 자국의 영토에서 싸우는 것을 말한다.

경지란 적의 영토에 침공했으나 아직 깊이 들어가지 않은 상태를 뜻하고, 중지는 반대로 적의 영토 깊이 침공해서 점령한 적의 성을 배후에 두고 있는 상태를 가리킨다. 이 두 개를 통틀어 절지絶地라고 한다.

쟁지는 양쪽 군에서 격한 쟁탈을 벌이는 장소며, 교지는 양쪽 군 모두 진격하기 쉬운 장소다.

구지는 중심 도로가 뻗어 있어서 세 방면으로 제후의 영지와 통하는 교통의 요충지로, 지원을 기대할 수 있는 곳을 의미한다. 비지는 산림과 늪지대를 지나야 하는 진군이 어려운 곳이다.

위지는 세 방면이 험하고 전방이 좁아서 소수의 군대가 많은 적군을 상대할 수 있는 곳이고, 사지는 앞에는 적이 있으며 뒤에는 물러설 곳이 없고 좌우에는 피할 곳이 없어서 돌격을 지체하면 전멸할 곳을 가리킨다.

지형은 바꿀 수 없다. 그러니 지휘관이 각각의 장소에서 적절한 명령을 내리지 못하면 진군이 원활하게 되지 않는다. 그래서 지휘관에게는 전투 현장을 구석구석까지 살펴보고 현장이 아홉 가지 종류의 지형 중 어디에 해당하는지 정확하게 판단할 능력이 필요하며, 현장을 제대로 식별하는 안목이 요구된다.

● 필드를 분석해서 적재적소에 포진시킨다

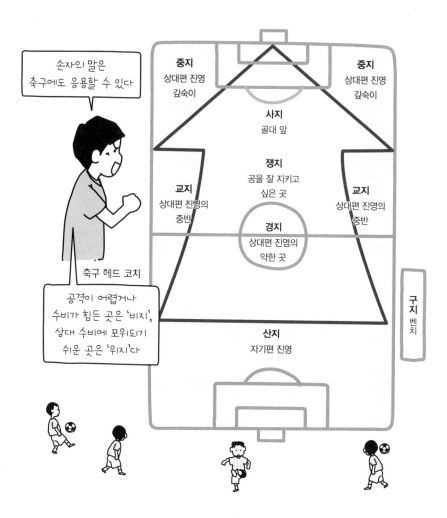

손자의 말은 축구에도 응용할 수 있다

축구 헤드 코치

공격이 어렵거나 수비가 힘든 곳은 '비지', 상대 수비에 포위되기 쉬운 곳은 '위지'다

중지 상대편 진영 깊숙이

중지 상대편 진영 깊숙이

사지 골대 앞

쟁지 공을 잘 지키고 싶은 곳

교지 상대편 진영의 중반

교지 상대편 진영의 중반

경지 상대편 진영의 약한 곳

구지 벤치

산지 자기편 진영

다양한 공방의 장소를 유기적으로 연결해서 전체적으로 진격한다

구지_{九地}에서는
이렇게 움직여라

현장을 깊게 분석한 후에는 깊숙이 들어가서 승부를 건다

凡爲客之道 深則專 淺則散
범 위 객 지 도 심 칙 전 천 칙 산

제11 구지편

해석

적국 영토를 침공할 때 깊숙이 들어가면 군의 통제가 유지되고, 깊숙이 들어가지 않으면 탈영병이 속출한다.

자국 영토에 있는 산지에서는 군 상하 전체의 뜻을 하나로 통일하려 노력하면서 전투는 피한다. 경지에서는 소모를 피하기 위해서라도 가능하면 눈에 띄지 않도록 신속하게 행동한다. 중지에서는 성의 공격을 포기하고 진군을 우선해서 재빨리 지나간다. 양쪽 군대가 모두 확보하길 원하는 쟁지에는 무슨 일이 있어도 먼저 도착하고 만약 적이 먼저 쟁지에 도착했으면 공격하지 않는다.

양쪽 군대 모두 왕래가 자유로운 교지에서는 각 부대의 연락을

강화해서 부대가 전후로 분단되지 않도록 주의한다. 사방으로 길이 통하는 구지에서는 제후와 친교를 맺는다. 기반이 나쁜 비지에서는 빨리 벗어나고 절대로 숙영하지 않는다. 위지에서는 확실한 퇴로를 확인한다. 사지에서는 역전하기 전엔 살아남을 방법이 없으니 적극적으로 싸운다.

| 깊숙이 진입하지 않으면 끝까지 지킬 수 없다

거기에 덧붙여서 손자는 적국 영토에 침공할 때는 처음부터 깊숙이 침공해야 한다고 말했다. 진입이 깊지 않으면 군인들이 멋대로 고국으로 돌아갈 우려가 있기 때문이기도 하지만 바꿔 말하지면 깊숙이 진입하지 않으면 상대를 본격적으로 싸움에 끌어들이지 못해서 승부를 내지 못한다는 의미다. 깊이 진입하지 않으면 상대가 수비를 견고하게 다질 시간을 주게 되어 결국 공격한 의미가 없어진다.

단번에 깊숙이 들어가면 상대가 수비를 강화할 시간을 얻지 못하고, 아군도 각오를 다질 수밖에 없다. 총합해서 전력을 볼 때 압도적으로 이길 수 있는 경우가 아니라면 대담하게 진입하는 것이 득책이다.

● 상대편 진영에 깊숙이 들어가서 골을 겨냥하는 포인트

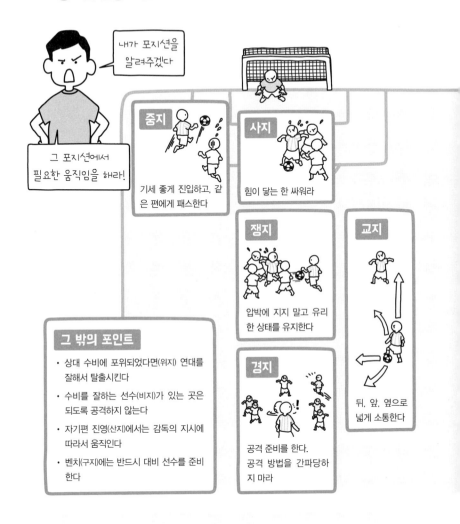

**공격할 때 상대편 진영에
단번에 깊숙이 진입하면 사기도 높아진다**

궁지에 몰린 쥐가
고양이를 문다

이탈이라는 선택지를 빼앗으면 부하는 저절로 강해진다

死焉不得 士人盡力
사 언 부 득 사 인 진 력
제11 구지편

해석

살아남는 방법이 하나뿐이라면 군인들은 죽을 각오로 싸운다.

　적국의 영토에 깊숙이 침공하면 군인들은 자연스럽게 결속해서 쉽게 패배하지 않는다. 이 경우, 지휘관은 아군조차 목표를 모르도록 섬세하게 작전을 세워서 복잡한 진군로를 선택해야 한다. 지리를 모르는 곳으로 끌려온 군인들은 탈영해도 생환 가능성이 없는 것이나 마찬가지여서, 패배가 곧 죽음을 의미한다고 생각하면 탈영을 포기한다. 생환하기 위해서는 지휘관의 지시를 따를 수밖에 없다고 느끼면 된 것이다. 불리한 상황에 놓일수록 잠재적인 힘까지 각성시키기 때문에 상상하지 못한 용맹스러움을 발휘하게 된다.

| 의욕이 생긴 부하들만큼 의지가 되는 존재는 없다

모두의 힘을 충분히 발휘시키기 위해서는 그렇게 할 수밖에 없는 상황으로 몰아가는 것도 좋은 방법이다. 나아가야 할 길이 하나밖에 없다고 깨달으면 이후는 쉽다. 하나하나 지시를 하지 않아도 만사가 순조롭게 풀린다.

군대 안에서 점치는 것을 금지하면 신에 의지하는 마음도 사라져 탈영병도 없어진다. 분투하는 것 외에는 살아남을 방법이 없다는 각오를 다지기 때문이다.

그러다 드디어 결전 명령이 떨어지면 주저앉아 있던 군사들은 눈물로 옷깃을 적시고, 뺨에 흐르는 눈물방울이 턱 끝에 맺힌다. 결사적인 각오를 다진 군인들을 도망칠 곳 없는 전쟁터에 투입하면 마치 수라장에서 싸우는 아귀들처럼 싸울 것이다.

1
7
3

● 부하의 사기를 올리기 위해 퇴로를 막는다

갈 길이 하나뿐이라면 사람은 돌파력을 끌어 올린다

적의 거짓말을
간파하라

유능한 리더는 항상 상대가 예상하지 못한 행동을 한다

敵不得與我戰者 乖其所之也
적 부 득 여 아 전 자   괴 기 소 지 야
제6 허실편

해석

　적이 자신의 생각대로 싸우지 못하는 이유는 아군의 계략에 걸려
들었기 때문이다.

　인간의 행동은 완전하지 않아서 적의 수비가 아무리 견고해도
반드시 어딘가에 틈이 생기기 마련이다. 이때 거기에 공격을 집중
하면 적군의 반격을 쉽게 격파해서 이길 수 있다.

| 공작을 잘하는 사람만이 승리를 거머쥘 수 있다

　별 볼 일 없어도, 더러워도 상관없다. 적이 생각하지도 못한 부
분을 공격하면 적은 그 대처 방법을 고심하다가 서둘러 원군을 출

동시킨다. 그럴 때 적군의 우군이 도착하기 전에 빨리 충분한 전과를 올리고 조용하게 후퇴하면 된다. 적이 절대로 잃고 싶지 않은 지점을 공격하면 원군을 보내지 않을 수 없기 때문에 적을 불리한 상황에 빠뜨릴 수 있다. 다른 부대의 병력을 사용해서 적의 요충지를 공격하게 만들면 적은 목표를 수정해서 진로 방향을 바꿀 수밖에 없다.

이 모든 계책은 적의 허를 찌르는 공작이고, 성공하면 강한 적이라도 기진맥진하게 만들 수 있다. 겨우 전쟁터에 도착해도 군인들이 피로해져서 본래 가진 힘을 발휘하기는커녕 방어조차 충분하지 못한다. 이러한 상태의 적군이라면 수월하게 격파할 수 있다.

따라서 유능한 지휘관은 항상 적의 허를 찌르기 위한 방법을 생각하며 작전을 세워서 아군의 손해와 소모를 최소한으로 줄여서 확실한 승리를 거머쥔다.

이러한 공작을 하지 못하면 리더라고 해도 아군에게 신뢰를 얻을 수 없다. 신뢰를 얻지 못하면 큰 임무를 맡을 수 없다.

● 교착 상태를 타개할 상대의 허를 찌르는 공작

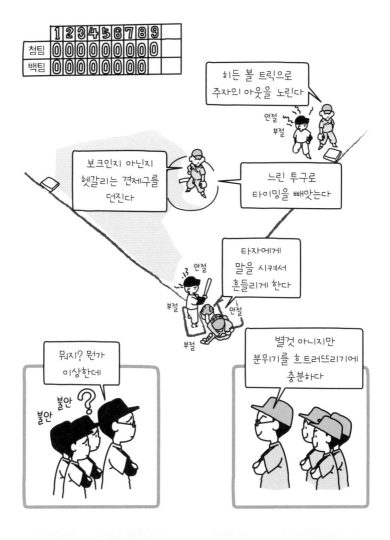

과장된 계획이 아니라서 현장에서 실천하면 잘 살릴 수 있다

후방을 공격하면
견고한 진영도 무너진다

강적에게 일 타 가격할 수 있는 가장 효과적인 묘책

曰先奪其所愛
왈 선 탈 기 소 애
제11 구지편

(해석)

적이 중요하게 여기는 것을 빼앗으면 적은 이쪽이 원하는 대로 움직인다.

큰 병력의 적군이 정연하게 공격해왔을 때는 적이 중요하게 생각하는 장소를 탈취하면 된다. 적은 탈환하려고 진형을 무너뜨리면서 기세가 약해지므로 격파하기 쉬워진다.

| 진짜 빼앗겼다고 믿게 하는 기백이 성공의 비결이다

적이 중요하게 생각하는 장소는 수도나 곡창 지대, 교통의 요충지, 식량 저장고 등이다. 그러한 곳을 공격할 것처럼 위장하는 방법도 효과는 충분하다. 적은 그때까지 점령했던 곳을 포기해서라도 구원하러 달려갈 게 분명하다. 최소한의 수비대는 남겨둘지 모르지만 주력 부대가 없어지면 수월하게 흐트릴 수 있다.

이 계책은 적군의 수비 태세가 매우 견고할 때 유효하다. 양동 작전으로는 미동도 없고 아무리 도발을 하거나 이익을 유도하는 방법을 써도 진형이 무너지지 않을 때 써야 할 수단으로, 적을 속이는 방법이기 때문에 어중간한 자세를 취해서는 안 된다.

적군이 유일하게 두려워하는 것은 군대가 비어 있는 본국이나 후방의 보급 거점이 공격받는 일이다. 그곳을 공격할 것처럼 보이게 하는 일은 간단하지 않다. 진짜 작전을 실행하듯 과장된 움직임을 보여야 하고, 경우에 따라서는 아군까지 속여야 한다.

적군이 움직이지 않을 때는 작전을 변경해서 진심으로 수도를 공격할 각오도 필요하다. 공격이 격렬해지면 적의 군주는 반드시 구원 요청을 할 것이다. 그러면 적의 지휘관은 구원에 나서지 않을 수 없고, 계책을 사용한 측은 성공한 것이나 다름없다.

● 라이벌의 후방 지원 장소를 흔든다

**라이벌은 후방의 본거지나
보급 지점에 대한 공격을 두려워한다**

스파이를 쓰지 않는 것은
어리석음의 극치다

첩보 활동 비용을 아까워하면 승리를 장담할 수 없다

不知敵之情者 不仁之至也

부지적지정자 불인지지야

제13 용간편

해석

적국의 정보 수집을 게을리하는 자는 국민에 대한 인애가 결여된
사람이다.

십만 규모의 군대를 출정시키면 국민의 부담은 헤아릴 수 없을
정도로 막중해진다. 수년에 걸쳐 발생한 전쟁이어도 딱 한 번의 결
전으로 승부가 나기도 한다. 막대한 비용과 노력을 쏟으면서 단 한
번의 결전으로 패배하면 그때까지의 노력이 전부 허사가 된다. 얼
마나 비효율적인가. 이러한 우려가 현실로 되지 않게 하려면 손자
는 우수한 스파이(간첩)를 사용하라고 권했다.

| 목숨을 걸고 중요한 정보를 얻으러 가는 영웅적 활동이다

작위든 봉록이든 상금이든 스파이에 대한 보상을 아까워해서는 안 된다. 스파이를 효과적으로 활용하지 못하면 국민을 통솔하는 사람이어도, 국가 보좌관이어도 승리의 주재자라고 할 수 없다.

총명한 군주와 지략이 뛰어난 지휘관은 적군의 최신 정보를 탐색하는 데 여념이 없다. 그래서 출정에 나가서 많은 전과를 올릴 수 있는 것이다.

대군을 움직이는 전쟁이 패배로 끝나면 군주의 위신은 떨어지고 국가의 분열이나 정변까지 일어날 수 있다. 패배는 전부 적의 정보 탐색을 게을리한 탓이며 스파이에 대한 보수를 아까워해서 생긴 일이다. 이러한 이유로 인한 실각, 망국은 두고두고 수치가 된다.

적군에 관한 정보는 적지에 스파이를 풀어놓거나 내통을 통해 얻을 수밖에 없다. 지혜를 발휘해서 성실하게 축적하는 방법뿐이다. 이를 게을리하는 사람은 국민의 노고를 무용지물로 만드는 사람, 인애의 마음이 결여된 사람이다.

● 미국의 주요 첩보 기관

CIA

중앙정보국. 대통령 직속으로 국가 안전 보장회에 정보를 제공한다.
활동 영역은 가상의 적국을 중심으로 다양한 조직에 이른다

NSA

국가안전보장국. 국방 총성의 정보 기관.
주로 국내외의 통신·무전 수신·도청·암호 해독 활동 담당한다

DIA

국방정보국. 국방 총성의 정보 기관. 육해공군의 정보를 수집.
군사 행동의 의사 결정에 깊게 관여한다

NRO

국가정찰국. 정찰 위성을 설계·발안·운용하는 미국 공군 장관의 독립 조직.
주로 국가의 안전 보장에 관한 정보 수집·분석을 담당한다

… 등 17개 조직에 이른다.

> 어느 조직도 예산은
> 대부분 비공개며

최근 유출된 내부 자료에 따르면 미국의 첩보 예산은 연간 총액 520억 달러나 된다고 한다

군대를 가진 대국은 스파이 활동에 막대한 비용을 투자한다

스파이에는
다섯 종류가 있다

승부에서 정보의 중요함에 대해서는 다 말할 수가 없다

微哉微哉 無所不用間也
미 재 미 재 무 소 불 용 간 야
제13 용간편

(해석)

얼마나 심오한가. 군사의 이면에서 스파이를 이용하지 않는 분야란
존재하지 않는다.

此兵之要 三軍之所恃而動也
차 병 지 요 삼 군 지 소 시 이 동 야
제13 용간편

(해석)

스파이는 군사 작전 전체의 지침이고, 군대 전체의 운명을 맡길 길
잡이기도 하다.

스파이에는 다섯 가지 종류가 있다. 적국에 잠입을 되풀이하는 스파이를 생간生間, 적국의 민간인을 이용하는 스파이를 향간鄕間, 적국의 관리를 이용하는 스파이를 내간內間, 적국의 스파이를 이용하는 스파이를 반간反間, 허위 정보를 역이용하는 스파이를 사간死間이라고 한다.

군주나 지휘관은 스파이와 친밀하게 지내며 보수도 넉넉하게 줘야 한다. 목숨을 걸고 공작을 하고 있으니 그 정도는 당연하다. 스파이가 가져온 정보가 전쟁의 승패, 군대의 운명을 결정하기도 하기 때문이다.

| 준민한 사고력을 가진 사람만이 첩보 활동을 운용한다

적국의 내정을 모르는 채로 전쟁에 돌입하면 바로 진퇴에 빠진다. 적이 어디에서 방위선을 구축했는지, 어디에서 마실 물과 여물을 확보하는지, 내통하는 성은 없는지 등 스파이를 통해 얻는 정보 없이는 어떤 작전도 원활하게 진행하지 못하기 때문이다.

군주나 지휘관이 준민한 사고력을 지닌 사람이 아니면 스파이를 유용하게 활용할 수 없고, 그들에게 세심한 배려를 표현하지 않으면 충실한 스파이 임무를 기대할 수 없다.

현대의 스파이는 산업 스파이가 대부분인데 이는 부정 행위고 범죄다. 산업 스파이는 자신도 모르는 사이에 스파이 활동을 하고 있을지도 모르니 자성하는 태도를 게을리해서는 안 된다. 정보는

항상 겉과 속에 주의하면서 사용할 필요가 있다. 그것이 스파이다
운 사고력이다.

● 스파이(적국의 첩보 활동)에는 다섯 가지 종류가 있다

생간

적국에 잠입해서 정보를 얻는다

향간

적국 사람을 회유하거나 유언비어를 퍼뜨린다

내간

적국의 관리를 회유한다

반간

적국의 스파이에게 정보를 얻는다

사간

적국 깊숙이 잠입해서 혼란을 야기시킨다

준민한 사고력을 가진 사람이 아니면
스파이의 유용한 활동을 장담할 수 없다

배신하게 하는
정보전

특정한 인물을 표적으로 약점과 욕망을 파고든다

令吾間必索知之
령 오 간 필 삭 지 지

제13 용간편

해석

스파이에게 명령해서 타깃의 정보를 상세하게 조사시킨다.

공격하려는 적과 성, 암살하려는 인물이 있을 때는 스파이를 활용하는 것이 득책이다. 그러기 위해서는 적의 내정, 방위 체제, 경호 상태 등은 반드시 파악해둬야 한다.

그러한 후에 지휘관의 측근, 알현을 알선하는 관리, 문지기 등의 이름을 알아내어 각각의 이력, 버릇, 사정 등을 조사한다. 인간은 모두 약점과 욕망이 있으니 그 부분을 파고들면 협력자나 내통자로 만들 수 있다.

| 상대를 사로잡는 매혹적인 화술을 무기로 삼는다

유혹할 수단은 돈이나 지위, 여자 등 어떤 것이든 상관없다. 상대가 강하게 욕망하는 것을 제시하면 누구든 마음이 흔들릴 수밖에 없다. 한 번이라도 협력하면 끝난 것이다. 상대도 과거로 돌아갈 수 없기 때문에 지시하는 대로 움직일 수밖에 없다. 정보를 빼내거나 거짓 정보를 확산시킬 수도 있다.

타깃은 처지와 대인 관계에 불만을 가진 사람, 출세에 밀린 사람 등 어떤 불만이나 원망을 품을 사람들이다. 개인적인 원한을 어떻게 증폭시켜서 배신까지 이르게 할지가 스파이의 수완이 발휘되는 지점이다.

이러한 손자의 가르침은 현대인에게도 큰 교훈이 된다. 달콤한 말, 좋은 이야기에는 반드시 이면이 있다. 이상하다는 생각이 들면 바로 신뢰할 수 있는 인물에게 상담하는 것이 현명하고, 그러기 위해서는 평소에 신뢰하는 상대를 만들어두어야 한다는 교훈을 기억하자.

● 스파이가 내통자를 획득하는 수법

시간과 정성을 들여 준비한 연출을 무기로
깊숙이 들어가게 만드는 무시무시한 기술

적을 내부에서
붕괴시켜라

상대에게 가짜 정보를 믿게 만드는 최상급 첩보 활동

故反間不可不厚也
고 반 간 부 가 부 후 야

제13 용간편

이중 스파이에게는 반드시 후한 보상을 해줘야 한다.

만약 적의 스파이를 발견하면 처벌하지 말고 이익을 제시해 자기편에 붙게 해서 반간 즉, 이중 스파이로 이용해야 한다. 이중 스파이를 사용하면 적의 정보를 훤히 알게 된다. 그를 연줄로 삼아 현지의 협력자를 구할 수도 있다. 그러면 아군의 스파이망을 종횡으로 구사해서 적에게 가짜 정보를 흘리는 일도 어렵지 않고, 싸우기 전부터 이미 우위에 선다.

| 스파이의 배신만큼 두려운 것은 없다

적국의 정보가 누설되면 걱정이나 근심이 사라지니 이중 스파이에게는 후한 보상을 약속하고 실제로도 보상을 후하게 해줘야 한다. 보상을 아까워하면 모든 일이 파탄 난다. 이중 스파이는 적국의 사정만이 아닌 자국의 사정에도 능통하기 때문에 그가 적에게 전부 발설하면 입장이 역전되어버린다.

현대 사회에도 이중 스파이가 존재할까? 산업 스파이가 밝혀진 예는 견문이 적어 모르겠다. 없을 리가 없다고 생각하는데, 대부분 기업에서 체면을 고려해서 내밀하게 처리되었을 것이다.

그보다도 현대 사회에서 심각한 것은 오히려 가짜 정보(페이크)의 범람이다. 본격적인 IT 사회의 도래와 더불어 정보의 절대량이 늘어났음에도 불구하고 우리의 진위 판단력이 그 속도와 양을 따라가지 못하고 있어서 가짜 정보에 휘둘리기 쉽다. 어떤 일이든 신중했던 손자의 지혜를 항상 유념해두라고 말하고 싶다.

● 반간(이중 스파이)에 의해 상대의 비밀이 누설된다

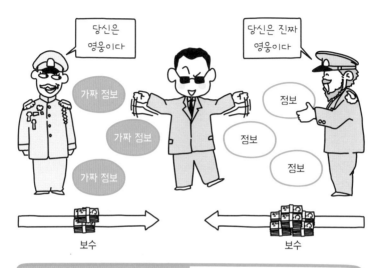

제2차 세계대전 때 활동했던 스파이	두슈코 포포브(1912~1981) 독일 첩보 기관에 소속되어 독일의 정보를 빼서 영국에 주었다. 미국에 진주만 공격 가능성을 시사했다고 한다.
윌리엄 G. 세볼드(1899~1970) 독일의 스파이였는데 미국에 협력했다. 미국에 체재하던 수십 명의 독일 첩보원의 적발을 도왔다.	후안 푸홀 가르시아(1912~1988) 가공의 스파이망을 지어내어 독일군에게 팔았다. 연합국에 협력해서 노르망디 상륙 작전을 성공적으로 이끌었다.
크리스티안 린데만(1912~1946) 영국의 스파이였는데 독일군에 인질로 잡혀 이중 스파이가 되었다. 연합군의 작전 계획 정보를 독일에 주었다.	에디 채프먼(1914~1997) 출옥하기 위해서 독일군에 지원 후 영국으로 들어가 이중 스파이가 되었다. 독일의 V1로켓 정보를 영국에 주었다.

**이중 스파이를 종횡해서 구사하면
싸우기 전부터 우위에 설 수 있다**

은작산 한간漢簡의 무덤

사마천은 두 사람의 손자에 대해 언급했다. 예로부터 손무는 전설상의 인물이었기 때문에 손빈이 손무의 이름을 빌려 『손자병법』을 저술했다고 하는 설이 있었다. 하지만 1972년 산둥성 임기현 은작산에 있는 한나라 시대의 무덤에서 대량의 죽간본이 출토되었다. 그 출토품 속에는 『오나라 손자병법』과 『제나라 손자병법』이 모두 포함되어 있었다. 즉, 사마천이 기록한 대로 손자라는 사람이 둘이나 존재했다는 사실이 밝혀진 것이다.

이 무덤은 전한 시대 무제의 것이니 『한서』의 편찬보다 앞서 있다. 결론부터 말하면 현존하는 『손자병법』은 이 무덤에서 출토된 『오나라 손자병법』과 거의 일치했다. 다른 점은 장의 순서와 약간의 문장 정도로, 이미 정리된 13편에 조조가 약간 수정을 가했다. 그것이 현존하는 『손자병법』으로 봐도 틀리지 않을 것이다. 오나라의 왕 합려가 읽은 것과 같은지는 판정할 수 없지만 말이다.

은작산 한간의 무덤에서 나온 출토품은 현재 산둥성 임기현에 건설된 박물관에서 보관·전시하고 있다. 발굴 당시의 사진은 물론이고 특수한 보존액과 함께 시험관에 들어 있는 오리지널 죽간본과 거기에 적힌 글자가 뚜렷하게 보이는 사본을 볼 수 있다.

임기현은 산둥성 남부에 있고, 공항이 있는 청도나 성도의 제남에서도 멀고 교통도 불편하지만 『삼국지』로 유명한 제갈량이나 서성書聖으로 존경받는 왕희지의 출신지기도 하다. 제갈량의 고향(사당도 있다)과 왕희지의 옛 거처(기념관)도 있으니 독자들에게 꼭 방문해 보기를 권한다.

병법에 관한
7개 병서

부록

무경칠서의 발자취

중국의 병법서는 무엇을 전하고 있을까?

중국 병법의 신수이자 무관이 되려는 사람의 필독서. 승리지상주의에 철저한 내용으로, 적을 속이는 사기술을 장려했다. 아군의 손실은 최소한으로 줄이고, 적에게는 최대한의 손실을 입히는 것을 목표로 한다.

송나라 시대에는 그때까지 계승된 중국 문화를 정리하는 작업을 진행했다. 그 작업을 계기로 유교에서는 주자학이 태어났고, 병법 분야에는 특히 뛰어난 7개 병법서가 엄선되어 그것을 무경칠서武經七書라고 불렀다.

7개 병법서에는 손무의 『손자병법』을 비롯해 전국 시대에 여러 나라를 전전하며 관직을 지낸 오기吳起가 집필한 『오자병법吳子兵法』, 주나라를 세운 공신 태공망 려상(강태공)이 쓴 『육도六韜』, 전국 시대에 위나라의 왕에게 초빙된 울요의 저서로 여겨지는 『울요자尉繚子』, 진나라 시대에 산야에 묻혀 살던 장량張良에게 황석공黃石公이 전했다고 하는 『삼략三略』, 춘추전국 시대에 대사마(군 최고 사령관)로 제나라에서 관리를 지냈던 전양저田穰苴가 전했다는 『사

손자병법

마법司馬法』, 당나라 초기 장군 이정李靖이 태종을 위해 논한 병법을 후세 사람이 편찬한『이위공문대李衛公問對』가 있다.

무경칠서를 정리한 시기는 송나라 원풍 연간(1078~1085)이다. 무경칠서는 주로 무관을 양성할 때 교과서로 사용되었다. 유교의 사서오경에 해당한다고 말할 수 있다.

각각의 병법서는 일본에도 일찍부터 전해져서 귀족과 일부 무가에서 읽혔다. 헤이안 시대(794~1185) 후 '3년의 역後三年の役'이라는 권력 싸움이 벌어졌을 때 미나모토노 요시이에源義家(1039~1106)가 매복하고 있던 적의 존재를 알아차린 것은『손자병법』의 행군편 1절이 뇌리에 떠올랐기 때문이고, 그의 후예인 미나모토노 요시쓰네源義経(1159~1189)가 상식을 깬 전술로 능수능란하게 승리를 거듭했던 것도 병법을 배워서 능숙해진 결과로 여겨진다.

이후에도 무가에서는 널리 읽혔겠지만 개인의 무용과 집안의 명예를 중시하는 일본에서는 병법서를 별로 귀하게 여기지 않았다. 오히려 에도 시대江戸時代(1603~1868)에 이르러 태평 시대가 된 후부터 서민들 사이에서 병법서가 즐겨 읽혔다.

에도 시대 중기, 게이초 11년에 간행된 무경칠서(국립국회도서관 소장).

●『오자병법』

병사를 위로하는 것도 계략의 일부일까?『손자병법』과 함께 무경칠서의 양대산맥이라고 칭해지는 병법서.

성립

이 책은 자주『손자병법』과 나란히 칭해지는 병법서다. 저자는 전국 시대 초기에 위나라에서 태어나 노나라·위나라·초나라 등을 다니며 책사이자 정치가로 큰 공적을 올린 오기라고 한다. 하지만 그것은 후세에 붙여진 것으로, 실제로는 한나라 시대 학자가 썼다고 여겨진다.

오기와 연결 지은 이유는 단순하다. 그가 뛰어난 병법가였기 때문이다. 비정하면서도 전쟁터에 나가면 병사들과 고생을 함께하는 등 권력에 안주하지 않는 모습을 보였다고 한다.

특징

이 책은 전부 48편으로 구성되어 있다. 현존하는 것은 도국圖國, 요적料敵, 치병治兵, 논장論將, 응변應變, 여사勵士 6편뿐이다.

5편은『손자병법』의 내용과 크게 차이가 없지만 여사는 양상이 조금 다르다. 여사에는 공적을 세운 적이 없는 병사에게 활약할 기회를 주라고 적혀 있다. 언뜻 보면 온정이 넘치는 듯하지만 반대로 해석해야 한다. 다시 말해, 잠재적인 힘을 무리해서라도 각성시켜서 병사들에게 목숨을 걸고 싸우게 만들라는 비정함의 표현으로 볼 수도 있다.

●『육도』

군사 전략이 물처럼 넘쳐났다는 주나라의 태공망의 불패 비결을 전수한다.

성립

'도韜'라는 글자에는 원래 '가죽을 덮어 감싸 안다'라는 의미가 있는데, 그 의미가 점차 변해서 비법을 뜻하는 말로 사용하게 되었다. 이 책의 저자가 태공망이라는 것도 후세에 붙여진 것으로, 실제 저자와 편찬 시기는 정확하지 않은 위서僞書다. 춘추전국 시대 이후 지어진 것으로 추정한다.

『육도』는 문도文韜, 무도武韜, 용도龍韜, 호도虎韜, 표도豹韜, 견도犬韜 6권 60편으로 구성되어 있다. 일본에서 예도의 비전서나 간단한 참고서를 도라노마키虎のまき라고 부르는 것은 호도에서 유래했다.

특징

성립 시기는 불명이지만 예로부터 무인들의 필독서로 꾸준히 읽혀 왔다. 내용 대부분은『손자병법』과 중복되지만 호도에서 무기를 다루는 방법에 관해 자세하게 설명하는 부분이『손자병법』과 크게 다르다.

아마도 손무가 살던 시대보다 무기가 다양하게 발달했기 때문일 것이다. 갑옷이 튼튼해지면 종래의 창검술로는 상처조차 낼 수 없으니 그에 맞는 격투술이 요구되었기 때문이다. 창과 활, 공성 병기도 마찬가지였을 것이다.

● 『울요자』

전쟁은 자국을 지키기 위한 정의로운 전쟁에 한해야 한다는 내용이다. 침략 전쟁을 불의로 부정한 병법서다.

성립

울요는 전국 시대 중기의 사람이다. 이 책은 위나라 혜왕의 질문에 율요가 답하는 형식으로 이루어져 있다. 총 31편의 구성이고 현존하는 것은 천관天官, 전위戰威, 무의武議 등 24편이다.

율요의 출생부터 어디서 병법을 배웠는지 등의 행적에 관해서는 전혀 알려지지 않았다. 실재하는 인물이 아닐 가능성도 있다. 진나라의 시황제의 신하가 되어 큰 공적을 세웠다는 설도 전해져 내려온다. 한편으로는 시황제를 두고 '잔인해서 호랑이나 늑대와 같은 마음을 가졌다'라고 혹평한 율요와 동일한 이름을 지녔지만 시대가 너무 동떨어졌으니 완전히 다른 사람으로 보아야 한다는 견해도 있다.

특징

국가를 잘 통치하는 일, 백성을 풍요롭게 만드는 일을 군사력 강화의 필수 조건으로 삼은 점은 『오자병법』이나 『육도』와 공통되는 내용이다.

전쟁을 악으로 본다는 점은 『손자병법』과 공통되지만 전쟁을 정의와 불의 두 종류로 나누고 있는 점이 이 책의 큰 특징이다. 불의인 정쟁을 단호하게 부정하면서 자국을 지키기 위한 전쟁은 어쩔수 없는 것이라고 말하며, 그러한 전쟁에서 승리하기 위해서는 평소 충분히 준비를 해두어야 하는 점을 강조한다.

●『삼략』

민중의 지지가 있어서 존재하는 국가에 대해 말한다. 정보전의 중요성과 민주주의를 강조한다.

성립

황석공은 전한을 세운 공신 장량에게 병법서를 준 수수께끼의

노인을 말하고, 사마천의 『사기』에서는 그 정체를 황색 돌의 정기로 암시하고 있다. 그리고 병법서 『삼략』을 태공망이 저술한 것으로 이야기한다.

그러나 책 이름이 당나라 시대에 편찬된 정사(왕조가 공인한 역사서) 『수서隋書』에서 처음 등장하는 점을 보면 실제 편찬 시기는 수나라 이전의 남북조 시대라고 여겨진다. 『삼략』의 이름은 상략, 중략, 하략 3권으로 이루어진 데서 유래했다.

특징

전투를 개시하기 전에 정보 수집을 중시한다는 점에서 『손자병법』과 공통된다. 침략 전쟁을 부정한다는 점은 『울요자』와 공통되지만 이 책에서 허용하는 정의로운 전쟁은 민중이 안온하게 살 수 있는 상태를 지키는 '보민保民'에 국한된다.

이 책에서 두드러지는 부분은 『손자병법』 이상으로 민중의 지지를 중시하는 부분이다. 민중의 지지를 얻지 못하면 국가는 안정되지 못하고 군대도 쇠약해진다. 만일 적이 그 틈을 노리면 국가가 멸망하는 것은 당연한 결과라는 관점을 피력하면서 민본주의를 역설하고 있다.

●『사마법』

난세의 인애에 대해 말한다. 절체절명인 제나라를 위기에서 구한 명장의 명언록.

성립

전양저는 춘추 시대 후기 제나라 사람이다. 본래 성씨 대신 대사마였던 관직명을 따서 사마양저로 부르는 경우도 많다. 이 책『사마법』은 전양저가 쓴 것은 아니고, 전국 시대의 사람이 편찬했다고 여겨진다.

당시 제나라는 진나라와 연나라로부터 협공을 당해 궁지에 몰린 상황에 처해 있었다. 그때 이름난 재상인 안영晏嬰이 추거한 사람이 전양저다. 덕분에 전양저는 인재를 구하던 제나라 경공에게 채용되었다. 전양조도 그에 응하는 활약을 하면서 역사에 이름을 남겼다.

특징

이 책은 총 55편으로 구성되어 있는데 현존하는 것은 인본仁本, 천자지의天子之義, 정작定爵, 엄위嚴位 , 용중用衆 5편뿐이다. 구체적인 전술은『손자병법』과 공통되는 요소가 많이 보이지만 불의의 전쟁을 완전히 부정한다는 점에서는『울요자』,『삼략』과 공통된다. 또한 인애를 본분으로 삼는 점 등은 제자백가 중 하나인 묵가의 주장과 일치한다. 전쟁이 끊이지 않는 시대였기 때문에 더욱 이러한 주장을 강하게 내세운 것이라고 생각된다.

● 『이위공문대』

모든 병법서를 망라한 회심의 해설서.

성립

이정은 전쟁에서 세운 공적 덕분에 당나라 태종(이세민)에게 위국공이라는 작위를 받았다. 위국공이라는 작위에서 '위공'이라는 약칭을 따서 이위공이라고 부르기도 한다. 이정은 절대 무모한 싸움을 하지 않고 꼭 치밀하게 정보 수집을 했다. 게다가 면밀한 작전 계획을 세워 군대를 배치하는 일도 소홀히 하지 않는 지혜로운 장수였다.

이 책은 이정이 태종의 질문에 답하는 형식으로 이루어져 있다. 실제로는 당나라 말기에 북송 초기의 사람이 이정과 태종의 문답을 정리한 것으로 보인다. 상·중·하 3권으로 구성되어 있고 전부 현존한다.

특징

『손자병법』이하 병법서는 전부『손자병법』을 의식해서 기술한 책인데, 이 책은 그 궁극으로 불릴 정도로 『손자병법』 이후의 여러 병법서에 대한 해설이 주된 내용이다.

상권에서는 전쟁에서 지휘 방법, 중권에서는 전쟁을 승리로 끝내는 방법, 하권에서는 공격과 수비에 대해 설명한다. 손무가 살던 시대와 1,000년 이상 나는 시간차를 돌아보면서 『손자병법』의 정수를 계승하고, 당나라 시대의 실정에 맞는 내용으로 전면 개정을 시도한 병법서다.

- 『손자병법(孫子)』, 淺野裕一 지음, 講談社学術文庫

- 『신 개정 손자병법(新訂 孫子)』, 金谷治 역주, 岩波文庫

- 『손자병법·오자병법(孫子·吳氏)』, 村山孚 번역, 德間書店

- 『손자병법·오자병법(孫子·吳氏)』, 天野鎮雄 지음, 三浦吉明 엮음, 明治書院

- 『전문 완전 대조판 손자병법의 모든 것: 본질을 파악한다 '문장 초역'＋현대어 해석·일본어 어순·원문(全文完全対照版 孫子コンプリート：本質を捉える「一文超訳」＋現代語訳·書き下し分·原文)』, 野中根太郎 번역, 誠文堂新光社

- 『'손자병법'을 읽다(「孫子」を読む)』, 淺野裕一 지음, 講談社現代新書

- 『손자병법(孫子の兵法)』, 湯浅邦弘 지음, 角川ソフィア文庫

- 『손자병법을 터득하는 책 '흥정' '준비' '경쟁' ……에 압도적으로 강해진다!(「孫子の兵法」がわかる本「駆け引き」「段取り」「競争」…… に圧倒的に強くなる!)』, 守屋洋 지음, 三笠書房

- 『반복해서 읽고 싶은 손자병법(くり返し読みたい 孫子)』, 渡邉義弘 감수, 星雲社

- 『손자병법 깊은 사고 '인생 전략의 책'(孫子の兵法 考え抜かれた、「人生戦略の書」の読み方)』, 守屋洋 지음, 知的生き方文庫

- 『손자병법·삼십육계(孫子·三十六計)』, 湯浅邦弘 지음, 角川ソフィア文庫

- 『진설·손자병법(真説·孫子)』, 데레크·유안 지음, 奥山真司訳 中央公論新社

- 『병법 삼십육계 세계가 배운 최고의 '처세 지혜'(兵法三十六計 世界が学んだ最高の

"処世の知恵")』, 守屋洋 지음, 知的生き方文庫

- 『실천판 손자병법: 인생의 기로에서 도움이 되는 '최강의 전략서'(実践版 孫子 の兵法: 人生の岐路で役立つ「最強の戦略書」)』, 鈴木博毅 지음, 小学館文庫プレジデ ントセレクト
- 『세계 최고의 인생 전략서 손자병법(世界最高の人生戦略書 孫子)』, 守屋洋 지음, SBクリエイティブ
- 『손자병법·전략·클라우제비츠 활용의 방정식(孫子·戦略·クラウゼヴィッツ その 活用の方程式)』, 守屋淳 지음, 日経ビジネス人文庫
- 『최고의 전략 교과서 손자병법(最高の戦略教科書 孫子)』, 守屋淳 지음, 日本経済 新聞社出版社
- 『제자백가 사전(諸子百家の事典)』, 江連隆 지음, 大修館書店
- 『제자백가諸子百家』, 浅野裕一 지음, 講談社学術文庫
- 『그림 손자병법 잘 정리된 전략적 사고(図解 孫子の兵法 丸くおさめる戦略思考)』, 斎 藤孝 지음, ウェッジ
- 『그림 지금 바로 응용할 수 있는 손자병법(図解 今すぐ使える孫子の兵法)』, 鈴木 博毅 지음, プレジデント社
- 『당신의 인생을 풍요롭게 하는 손자병법 50세부터의 삶의 힌트(あなたの人生 を豊かにする 孫子の兵法 50歳からの生き方のヒント)』, 洋泉社ムック
- 『강하게 유연한 마음을 기르자! 어린이 손자병법(強くしなやかなこころを育てる! こども孫子の兵法)』, 斎藤孝 감수, 日本図書センター
- 『바로 응용할 수 있는 손자병법(使える!「孫子の兵法」)』, 斎藤孝 지음, PHP新書
- 『제자백가 유가·묵가·도가·법가·병가(諸子百家 儒家·墨家·道家·法家·兵家)』, 湯浅邦弘 지음, 中公新書
- 『제자백가 중국 고대의 사상가들(諸子百家 中国古代の思想家たち)』, 貝塚茂樹 지 음, 岩波新書

- 『고대 중국 원시·은주·춘추전국(古代中国 原始·殷周·春秋戦国)』, 貝塚茂樹·伊藤道治 지음, 講談社学術文庫
- 『세계 역사 체계 중국사 1 선사~후한(世界歴史体系 中国史1 先史~後漢)』, 松丸道雄·池田温·斯波義信·神田信夫·濱下武志 엮음, 山川出版社
- 『사기열전 1(史記列伝1)』, 小川環樹·今鷹真·福島吉彦 번역, 岩波文庫
- 『사기 8 열전 1(史記 8 列伝1)』, 水沢利忠 지음, 明治書院
- 『사기(史記)』, 野口定男·近藤光男·頼惟勤·吉田光邦 번역, 平凡社

손자병법

1판 1쇄 인쇄 2025년 1월 15일
1판 1쇄 발행 2025년 2월 7일

지음 시마자키 스스무
옮긴이 양지영

발행인 양원석 **편집장** 권오준 **책임편집** 김희현
디자인 강소정, 김미선 **영업마케팅** 조아라, 박소정, 이서우, 김유진, 원하경

펴낸 곳 ㈜알에이치코리아
주소 서울시 금천구 가산디지털2로 53, 20층 (가산동, 한라시그마밸리)
편집문의 02-6443-8846 **도서문의** 02-6443-8800
홈페이지 http://rhk.co.kr
등록 2004년 1월 15일 제2-3726호

ISBN 978-89-255-7409-7 (03140)

※ 이 책은 ㈜알에이치코리아가 저작권자와의 계약에 따라 발행한 것이므로
   본사의 서면 허락 없이는 어떠한 형태나 수단으로도 이 책의 내용을 이용하지 못합니다.

※ 잘못된 책은 구입하신 서점에서 바꾸어 드립니다.

※ 책값은 뒤표지에 있습니다.